L'Ambition

DU MÊME AUTEUR

Chez le même éditeur

IPSO FACTO, 1998

ACNÉ FESTIVAL, 1999

SPÉCIMEN MÂLE, 2001

O.N.G!, Grand Prix de l'Humour noir et Prix Rive Droite/ Rive Gauche – Paris Première, 2003

LE TRUOC-NOG, 2003

JEANNE D'ARC FAIT TIC-TAC, 2005

LES TROIS VIES DE LUCIE, 2006

THRILLER, 2009

L'ÉCOLOGIE EN BAS DE CHEZ MOI, 2011

Iegor Gran

L'Ambition

Roman

P.O.L
33, rue Saint-André-des-Arts, Paris 6e

ISBN : 978-2-8180-1755-5
www.pol-editeur.com

Prologue

Il y a deux sortes d'ambition, la Lego et la Playmobil.

L'ambition Lego construit la vie par étapes mûrement réfléchies. On part d'une boîte remplie de briques. On a un plan. Il faut étudier les schémas, réfléchir, fouiller dans la boîte. Quel bazar ! Comment imaginer que de ces centaines de morceaux aux couleurs différentes sortira une construction, une fusée ? Il le faut pourtant. On s'y attelle.

Il n'est pas question de partir feu en tête, comme un jeune lévrier au premier jour de chasse, sinon on n'a aucune chance d'y arriver. Impossible de prendre deux briques au hasard. Les ambitieux Lego commencent par l'étape numéro un, telle qu'elle est indiquée sur le plan. On se hâte tranquillement. Ce qui est déjà assemblé ne se défait pas. On peut secouer dans tous les sens, les briques Lego tiennent admirablement.

Elles ont été dessinées avec une minutie d'abeille. Enlevez un dixième de millimètre à un plot, et il deviendra brinquebalant. Tout a été prévu, calculé. Si l'on a assemblé deux briques par erreur et pressé fortement, il est difficile de revenir en arrière (et parfois impossible sans instrument métallique tel qu'un petit canif ou une lime à ongles). Les deux premières briques assemblées, ajoutons-y une troisième. Au bout de trente briques, on a le premier étage. Il ne ressemble pas encore au jouet final – on en est loin –, mais le processus est enclenché, le tas est solide, c'est une bonne base sur laquelle on pourra fixer d'autres briques, plus tard. Cette prévisibilité est très rassurante.

Le plaisir de l'ambition Lego vient du découpage de la vie en tranches simples.

D'abord le diplôme puis le stage puis le premier emploi pour avoir de l'expérience. D'abord larbin puis sous-chef puis chef puis directeur d'usine. D'abord studio puis deux-pièces puis bébé puis pavillon puis re-bébé puis berline. Il est impensable de sauter une étape. Un plus un, deux, plus un, trois, plus un quatre, ou, plus exactement, trois virgule neuf car il y a toujours un petit décalage, l'ambition Lego le sait et s'en accommode très bien : même le petit imprévu est prévu. Le rêve est l'ennemi de la réalité, il freine et fait faire des bêtises.

À l'opposé est l'ambition Playmobil. Foutraque, fantasque et infantile, elle part à l'aventure et s'en réjouit ouvertement. Le jeu commence à l'instant où l'on ouvre la boîte. Quand l'ambition Playmobil a un plan, celui-ci est sommaire, et, souvent, on n'en a guère besoin. Les figurines ont été assemblées en usine et sont prêtes à l'emploi. Les constructions, quand il y en a, sont élémentaires. Chaque élément du puzzle a un sens immédiat : il y a les chameaux, les murs déjà faits du château, la source bleue jaillissant du sable. Le palmier est monté en deux clics : les feuilles s'agrafent au tronc. On repère rapidement les personnages qui nous intéressent, et l'on peut délaisser chameaux et palmiers pour s'offrir sur le pouce une bataille avec des Bédouins. Ça va vite, très vite. Des croisés, on passe au château, du château à l'oasis. On revient aux Bédouins. Puis, sur un coup de tête, on les abandonne pour y revenir le lendemain. Soudain les règles changent. Maintenant c'est les faire tomber qui est amusant. Le croisé se casse et se répare, se casse et se répare, le chameau, lui, ne casse jamais.

Poursuivre deux lièvres à la fois est ce que l'ambition Playmobil aime le mieux. En plus du travail en semaine, l'ambitieux Playmobil bricole le soir des projets d'épanouissement. Et le week-end, passant du coq à l'âne, il s'invente une troisième activité, souvent artistique, qu'il laboure avec passion. Un projet échoue ? Deux autres ont déjà pris sa place. Il est tellement habitué à se prendre lui-même à contre-pied qu'il se perd souvent dans ses propres stratégies, se contredit du jour au lendemain, et inquiète ses parents.

On l'aura compris, l'ambition Lego s'appuie sur une planification rigoureuse et disciplinée. Les examens, les diplômes que l'ambitieux collectionne sont autant de petites pierres dans la mosaïque grandiose qui se dessine. On les choisira avec soin, en fonction des débouchés futurs, des passerelles, des équivalences que l'on pourra obtenir. Les goûts ne sont pas prioritaires, la construction seule compte. Les passions sont risquées. Nous ne sommes pas des girouettes pour nous trémousser au gré des coups de foudre !

L'ambition Playmobil se contrefiche des diplômes ou presque. L'ambitieux y fait ce qui lui passe par la tête au gré de son inspiration et de ses capacités théoriques (ou imaginaires). On abandonne une maîtrise de maths pour basculer sur du latin, puis, ayant fait une charmante rencontre dans un musée, on s'imagine docteur en histoire de l'art. Après deux cours sur la datation des amphores à l'École du Louvre, on se dit que c'est prise de tête, et l'on revient aux mathématiques, mais en auditeur libre cette fois, le temps de tomber dans un bouquin de statistiques, et soudain le monde change de couleur. Tout est statistique maintenant, on compte les passants, on surveille la fréquence des nuages, on étudie les files d'attente dans les supermarchés, et les rêves érotiques sont peuplés de voluptueuses courbes de Gauss.

L'ambition Lego exige des règles clairement établies et fuit le flou et l'artistique. Elle a bien conscience, cette ambition-là, que sa vie sera sans doute moins étincelante, mais elle a besoin de petites victoires simples. Fine stratège, elle commencera par résoudre les difficultés mineures, afin de ne pas perdre de forces dans des combats qu'elle redoute. « Est riche celui qui sait se contenter de peu », murmure-t-elle parfois après une journée pénible, où les étoiles n'ont pas été favorables. « Demain sera un autre jour. » « Pasteur n'est pas devenu Pasteur en une semaine. »

Impatiente est l'ambition Playmobil ! Pour elle, tout est trop lent, étriqué, tardif. Quand les victoires se succèdent, elle s'ennuie. Quand la défaite menace, elle déprime. Elle s'épanouit dans le changement, elle guette l'idée géniale qui change la donne, elle est capable de tout miser sur le zéro. Une démission ne lui fait pas peur. Elle aime voyager en territoires inconnus et hostiles. « Amuse-toi ! » est sa devise. « Découvre ! » « Invente ! »

On pourrait croire que l'ambition Lego est avantagée naturellement : le temps est son allié. La progression par paliers lui convient parfaitement, elle ne tombe jamais de haut, et les années qui passent ne font que construire d'autres marches, avec la sérénité d'une machine-outil. Les notaires, les pharmaciens et les termites connaissent bien cette progression-là. Inversement, l'ambition Playmobil est bondissante et tombante. Le temps ne lui est d'aucun secours, au contraire, les ressorts s'usent, l'enthousiasme s'émousse. La vie laisse des bleus qui nécessitent du repos : l'ambitieux Playmobil ne peut s'y résoudre, alors sa peau devient couverte de plaies sans importance qui ne guérissent jamais, parfois leur accumulation finit par épuiser le bonhomme.

Les deux ambitions aimeraient réussir pareillement. Elles voudraient conquérir les cœurs et les bourses, leur soif de reconnaissance est comparable. Elles redoutent l'échec à long terme, et même si la Lego paraît plus immunisée sur ce terrain, elle sait qu'une ambition contrariée a toutes les chances de se transformer en une longue torture chinoise. Après une journée d'épuisant faux plat, l'ambition Lego se surprend à rêver de légèreté, de risque, d'insouciance : comme elle aimerait un petit vent de folie ! Au même moment, l'ambition Playmobil maudit son inconstance. Ah ! si je m'étais montrée plus assidue ! s'exclame-t-elle. Si je n'avais pas à ce point peur de l'ennui, quelles étincelles n'aurais-je produites !

Ainsi arrive-t-il que les deux jouets se retrouvent dans une même caisse en bois rangée sous le lit, tandis qu'au-dessus, couché sur le matelas moelleux, les yeux rampant au plafond, rêvasse le jeune ambitieux.

La rupture

Les bistrots tricotent le monde. Dans leurs effluves germe l'opinion publique, naissent les sondages et les futurs présidents, meurent et ressuscitent les sportifs, et, à une échelle plus modeste, c'est ici que s'échine l'écrivain, sur la banquette du fond, près du radiateur, tandis que, deux guéridons plus loin, se travaille le premier flirt et qu'à une table en terrasse, chez un couple symétrique, couve une méchante rupture – retour de balancier oblige. Grande est la responsabilité du bistrot dans la marche de l'univers !

Quand c'est un vieux ménage qui rompt, passe encore. Ils ont eu leur chance, ils l'ont prise et consommée jusqu'à l'écœurement – on ne va pas en faire un roman. Mais pour ce joli couple, elle vingt-deux, lui vingt-cinq, assis dans l'engrenage du bistrot, c'est tout un monde de potentialités qui se défait.

– Le problème, disait José, le problème, avec Léo, c'est qu'il met sa marmite dans vingt mille projets différents et que l'on ne sait jamais lequel…

– Le problème, l'interrompit Cécile, le problème…

– Ouais, dit José. C'est exactement ça, le problème.

Suivit un morne sirotage de café. Dans la poche de Cécile hurlait un carton d'invitation à un vernissage où elle avait envie d'aller seule. José ne s'intéressait pas à la photo contemporaine, et d'une.

– Le problème, s'agaça Cécile, mais José avait déjà rebondi :

– Alors Léo, il me propose le deal suivant. Il connaît un type qui vend des grandes planches d'imprimeur des années 1950-1960 avec des étiquettes commerciales, genre boîtes d'allumettes, Vache qui rit, carte de fidélité Esso. Un mètre sur deux. Un motif identique repris des centaines de fois. Ce n'est pas à toi, qui as l'œil, que je vais expliquer. Et vintage. T'imagines les couleurs ? Décolorées *fifties*, jaune, rouge, bleu. Moi, j'ai capté immédiatement : on déplie (elles sont pliées), on repasse au fer pour effacer les pliures…

– …, dit Cécile.

– Attends, attends. Une fois défroissées, elles sont comme neuves, techniquement parlant, avec cette touche d'ancien, très séduisante. Il suffit de les encadrer dans une baguette en bambou, sobre, économique, j'en ai vu au BHV, mais on peut trouver encore moins cher chez un fournisseur de Léo, et l'on obtient un putain d'objet décoratif. Ça se vend comme *Star Wars* chez Conran ou sur les quais.

Une forme surhumaine d'ennui devait se lire sur le visage de Cécile, car José enchaîna :

– Ah mais ça n'a rien à voir !… Les fèves, il faut s'y connaître, les fèves. C'est tout un processus. Il y a les fèves des boulangers et puis les grandes séries industrielles, il y a aussi les fèves anciennes, toutes blanches, qui ne payent pas de mine mais qui sont recherchées, c'est compliqué, les fèves. On ne s'en doute pas forcément, ça paraît absolument crétin, je suis d'accord, les fèves, le petit Jésus gnangnan, je suis le premier à le dire, mais c'est un marché de collectionneurs du monde entier. Et tu sais qui est le roi de la fève ?

– Ça doit être l'escroc qui t'a refilé son stock.

– Dis pas ça, on a fait une bonne affaire.

Cécile se demanda si José se payait sa tête.

– Bon, écoute, on arrête.

– Ah mais je ne regrette pas, les fèves. Je retomberai sur mes pattes, tu verras.

Et José partit dans de longues explications capitalistiques, d'où il ressortait, effectivement, que l'on se trouvait à l'orée d'un nouvel âge d'or, et qu'il ne tenait qu'à eux d'y entrer pour conquérir des terres vierges.

– Mark Zuckerberg…, disait José.

Cécile ne le regardait même plus.

L'explication finale eut lieu dehors, tandis qu'ils marchaient vers le métro.

– Je crois qu'on va arrêter les frais, dit Cécile.

Comme il ne comprenait pas, elle enfonça :

– Ça suffit, les conneries. Regarde-toi : t'es un gaz ! Tes combines à la con ne nous procurent qu'un avenir de lessiveuse. Les fèves ! Quand on y songe avec un peu de recul… Non, mais écoute-toi : les fèves ! La Vache qui rit !… C'est pathétique. Comment tu fais pour te supporter ?… Tout ce que l'on pourrait entreprendre ensemble sent le foireux. Ouvre les yeux. L'appart' que l'on aura peut-être un jour, je n'imagine même pas. Allez, on se dit au revoir, et l'on reste bons amis sur Facebook.

Aussitôt dit, aussitôt regretté. (« Il n'a jamais été suffisamment conformiste pour avoir une page Facebook, disait la petite voix. J'ai été trop dure. »)

Ils se connaissaient depuis plus de dix mois, tout de même. (« Déjà dix mois ! » s'étonna la petite voix.)

Ils ne vivaient pas ensemble, cependant, à cause des prix de l'immobilier. (« Du point de vue pratique, c'est le moment de rompre. Ce sera plus délicat quand on aura un studio commun. » argumenta la petite voix, pragmatique.)

Il était assez beau garçon, soigné, sportif, avec un peu de barbe blonde. « Oui, mais tous les garçons ou presque sont beaux. Leur capacité de barbe ne demande qu'à s'exprimer », jugea Cécile. En un sens, elle avait été créée pour aider les hommes à avoir de la barbe. Quant à la belle stature de José et à son humour, même si c'étaient des points positifs indiscutables, Cécile refusait de les prendre en compte tant elle craignait de tomber dans le cliché de la séduction masculine facile.

José se demandait s'il fallait insister pour avoir des explications qui risquaient d'être pénibles pour son amour-propre.

– Le fond de ton problème, c'est que tu manques d'ambition, résuma Cécile, et, en parlant ainsi, elle tira sur le zip et s'enferma dans sa parka de novembre.

La réflexion, injuste et efficace comme un penalty sifflé à la dernière minute, coupa en deux cette fin d'après-midi. Cécile fit rebondir ses jolis talons sur l'asphalte et disparut dans la bouche du métro. José resta planté sous le soleil d'une vitrine d'épicier.

« Elle a raison, se dit-il, la Vache qui rit n'est pas une bonne idée. Elles sont difficiles à emballer, ces grandes planches, à moins de les rouler. Pénibles à stocker, avec toujours des risques de déchirure. C'est carrément moins bien que les fèves. Mais est-ce une raison pour rompre ? » Puis il traîna sans boussole jusqu'à l'aube.

Les corn-flakes

Il enchaîna de longs trottoirs froids sans savoir où aller. Une poubelle lui barra la route, il shoota – et se fit mal. Comme il traversait une rue vers la Seine, il s'essaya à un uppercut contre un ennemi invisible. Un cycliste de minuit, qu'il faillit renverser, lui dit quelques politesses.

– Écrase-moi, te gêne pas, métèque ! répondit José.

Il ne lui aurait pas déplu de se faire casser la gueule.

Le cycliste était pressé. Il fit une remarque sur la mère et l'orientation sexuelle de José, mais ne daigna pas descendre de la bicyclette finir le travail à la main.

– Trouillard ! hurla José dans la nuit.

Il marchait en rond, débordant d'énergie inutile, comme un robot de cuisine qu'on aurait oublié.

« La France et ses filles ne sont pas faites pour la libre entreprise, la création, le risque, les solutions qui sortent de l'ordinaire », se répétait-il tandis que la première heure du matin se fatiguait à cuire la journée nouvelle et que ses pas s'égaraient dans l'île Saint-Louis. « C'est à se demander comment ce foutu pays a fait pour survivre jusqu'ici. Qui a créé tous ces cafés, galeries, commerces... Ce qu'on y vend est comparable à ce que je propose. Partout, les gens pédalent comme moi dans la Vache qui rit. Il n'y a pas de honte. La gentille camelote ! Ce magasin, par exemple, qui vend des bretelles, et celui-là, avec ces gadgets idiots en plastique venus de Chine, en quoi sont-ils plus ambitieux que mes fèves ? »

Plus loin, il s'arrêta devant un marchand de curiosités dont la vitrine, éclairée de piquantes diodes, scintillait dans le noir comme un vaisseau spatial. Minéraux, coléoptères, fossiles... Une grande pierre plate, de la dimension d'un bloc-notes, toute bleue avec un curieux trou vert en son nombril, le regarda avec compassion. « Lapis-lazuli et traces de malachite, disait l'étiquette. Provenance inconnue. Rare. »

« Je comprends, tout est question d'appellation, se dit José amèrement. La pierre est “rare”, elle est chère. Ça fait des millénaires qu'elle est là. Moi, ma provenance, c'est Montargis. Dans le Loiret. Mes parents y sont toujours, d'ailleurs. Et voilà le résultat. Il n'y a pas de mystère. Je suis coincé. »

Un phare de voiture passait par là et la pierre s'alluma. Son bleu généreux, vibrant et profond, réclamait une caresse.

« J'ai enfin pris une bonne décision », pensait au même moment Cécile. « Une décision courageuse », répéta-t-elle pour mieux se convaincre. « Il est gentil mais il faut avancer. Il y a des continents à conquérir, ma fille. »

Elle ferma les yeux mais impossible de s'endormir. Elle roula sur le ventre, le dos, fit des assouplissements et compta ses amants imaginaires. Les minutes devinrent un peu visqueuses sans calmer ses nerfs pour autant. Elle sentait la fatigue, une lassitude d'orang-outan, et le sommeil, à portée de main, sans parvenir à s'y accrocher. Elle resta prostrée dans le noir. Quelle était cette inquiétude ?

Voyant ces jeunes ainsi démunis, agités et perdus, de lointains aïeux frémirent dans leur tombe. La vibration se propagea jusqu'à la nuit des temps, et, quand elle ressortit de l'autre côté, un tremblement parcourut José. À force de marcher sans but, il avait maintenant une sacrée douleur à la cuisse – une crampe ou une tendinite. Il en oublia quelque peu ses problèmes de cœur et se concentra sur la bipédie et la manière dont il allait rejoindre son lit, en banlieue.

Cécile cliqua puis décliqua la lampe. On entendait, traversant le salon, le ronflement régulier de sa grand-mère qui s'était endormie devant la télé.

Vers six heures, enfourchant le premier métro, José finit par rentrer, épuisé, le cheveu gras, le bas du jeans barbouillé de larmes de boue. Il croisa le coloc qui s'en allait faire le footing de l'aurore, pimpant et frais comme un croissant du matin.

– Rupture amoureuse, ne put s'empêcher José, se sentant fautif de montrer au monde une image déplorable de lui-même.

– Y reste tes corn-flakes dans le lait d'hier, lui répondit-on, avec une légère pointe d'exaspération. J'ai mis ça dans l'évier. Tu pourras t'en occuper ?

Les pouces

On retrouva José à l'Aiglon, à la même table, fatigué. Face à lui, point de Cécile, mais Léo, les mains vissées à un mobile. Ses pouces faisaient des affaires.

– On s'autorise à penser que je manque d'ambition, se lamentait José. Comme si elle en avait, elle, de l'ambition ! Vendeuse-potiche dans une galerie de photos qui n'a jamais de clients, ça c'est de l'ambition en citerne !

Léo hochait la tête sans répondre : il avait reçu une question technique sur un lot qu'il venait de vendre sur internet, un ordinateur portable un peu bidouillé. Il l'avait assemblé en achetant patiemment sur eBay des portables en panne de marque Sony, à des prix dérisoires, entre 10 et 30 euros par machine.

José énuméra les petits boulots de Cécile : hôtesse d'accueil à un salon informatique (c'était là qu'ils s'étaient connus), stagiaire bénévole dans une maison d'édition médicale, vendeuse à mi-temps dans une boutique d'accessoires de mode, à La Rochelle, emploi qui lui avait permis d'étoffer son CV et de postuler à Paris, dans la galerie où l'on pouvait l'admirer actuellement. Où était l'ambition là-dedans ?

Si au moins son poste actuel lui avait ouvert des perspectives, mais non ! Elle n'avait aucune responsabilité opérationnelle, faisant de la présence, allumant la lumière le matin, l'éteignant le soir – une télécommande l'aurait fait aussi bien. Elle prenait les rendez-vous pour la patronne, et filtrait poliment les hordes de jeunes photographes qui la sollicitaient avec leurs portfolios. « Non, nous ne cherchons pas de nouveaux artistes en ce moment » et « Mme Roos n'est pas disponible, elle est à New York », répétait-elle à l'infini – un répondeur agréable à regarder, mais un répondeur quand même. C'était elle qui manquait d'ambition, pas lui !

Que lui reprochait-elle exactement ?

– Que tu ne cherches plus à devenir président de la République, s'amusa Léo.

– Ce n'est pas un manque d'ambition, dit José, mais une preuve de maturité. (Ses yeux balayèrent l'Aiglon du haut de ses vingt-cinq ans. Une serveuse, pas très jolie à la réflexion, lui rendit son regard insolent.) Président de la République ! On n'est pas au jardin d'enfants. « Je veux être pompier. » « Poète ! » « Astronaute ! »

– Il y en a qui deviennent réellement pompiers, poètes, astronautes, taquina Léo. Mon cousin…

– Ouais, ouais, dit José. Des pistonnés.

Les pompiers passent leur temps à faire des échauffements en survêt bleu, à cirer les rangers, à lustrer la caserne. Parfois ils éteignent un incendie où ils peuvent cramer leur peau parce que Mme Dugenou a oublié de fermer le gaz. Qui voudrait d'une vie pareille?… Les poètes, on le sait, n'obtiennent pas le moindre crédit immobilier. Leur indigence matérielle se noie dans la frustration, à moins que ça ne soit l'inverse. Quant aux astronautes, ils deviennent mélangés à force de tourner dans des centrifugeuses.

La réalité est confiscatoire pour les rêves d'enfant, pensait José.

– Je ne parlais pas de président de la République en termes concrets, dit Léo. Je disais : une sorte de vocation que tu aurais pu avoir et que certaines filles apprécient. Une excellence personnelle, comme quand on sait jouer de la clarinette, ou que l'on se passionne pour les mollusques de l'île de Pâques.

José avait les fèves, qu'il commençait à connaître.

– Les fèves! pouffa Léo. Ne me dis pas que t'es décousu à ce point. Tu sais bien, bouffon, que tu ne séduiras jamais une fille avec des fèves. On n'est plus en 1970 avec des joints à chaque coin de rue et de l'emploi à gogo. Je ne voudrais pas paraître rabat-joie, mais un contrat à durée éternelle dans un grand magasin ou une entreprise de pignons sur rue, voilà ce qu'elles attendent de ta ronde prénuptiale, sans forcément l'assumer, d'ailleurs.

– Je travaille moi aussi deux jours par semaine dans une boutique « normale », remarqua José. On répare des ordinateurs.

– Y a mieux pour faire rêver, dit Léo.

– Je ne compte pas m'y éterniser. Je cherche ma vocation, ça prend du temps. Tiens, j'ai vu une pierre, l'autre jour, tu vas trouver ça bizarre, une pierre qui m'a paru plus dynamique que toi et moi, enfin « dynamique » n'est pas le bon terme, je ne sais comment l'expliquer.

On le regarda avec des yeux vitreux, les pouces toujours en action.

– Ta vocation, je ne sais pas, mais la mienne c'est survivre, observa Léo, que la comparaison avec une pierre n'enchantait pas forcément. Sept jours sur sept, on mène un combat qui ne fait pas le pont. Gagner un peu d'argent, ne pas couler, ne pas tomber, en évitant de devenir un esclave subventionné, c'est assez beau, je trouve, à une époque où l'on manque d'enthousiasme.

Esclaves subventionnés : c'est ainsi que le jeune Léo appelait les salariés, tout en rêvant, sans se l'avouer à lui-même, de grimper un jour dans la grande arche, une entreprise avec cantine d'entreprise et brochette d'hôtesses au rez-de-chaussée de l'immense tour en verre et métal. Un distributeur de café à chaque étage. Avoir un *badge magnétique* – ça vous pose un homme.

À court terme, la survie de Léo passait par la vente d'un ordinateur. Pas si simple : à l'autre bout de la transaction, l'acheteur avait gobé l'amorce mais faisait le difficile. Il n'avait pas l'air convaincu par l'origine de la carte graphique. Il s'étonnait de la fissure que l'on voyait sur le couvercle, en bas à gauche de l'écran. Dans un mail assez bien tourné, il remettait en cause son statut de pigeon, et l'honnêteté de Léo par la même occasion.

– Une fissure de rien du tout, pesta Léo. Je vais lui dire que c'est satisfait ou remboursé. S'il n'est pas content, qu'il commence par payer les frais de retour en Colissimo recommandé, et l'on verra ensuite.

Il cherchait tout le temps à s'améliorer, Léo.

José aussi. Il voulait comprendre.

– Léo, dis-moi franchement, sans en appeler au président de la République ni à Jésus-Christ. Une fille te dit que tu manques d'ambition, tu traduis ça comment ?

Alors Léo, sans lever les pouces :

– La conne.

Puis :

– Tu as négocié un découvert récemment ?

– Oui, mais c'est une coïncidence, s'agaça José. Ne ramène pas tout à une histoire d'argent.

– Ce n'est pas que ta Cécile soit viscéralement matérialiste, tenta d'expliquer Léo. Seule une minorité de filles le sont. Les chasseuses de primes. On n'en croisera jamais, nous. (Il soupira avec une pointe de regret.) Les filles de cette catégorie, dite catégorie « A », ne t'adresseront jamais la parole car leur temps est compté. Elles ne sont pas méchantes, mais leur ADN est proche de celui des moucherons qui dansent au coucher du soleil. Elles ont envie de se coller, et vite, avec des types qui ont déjà beaucoup, dans l'immédiat. Je les comprends. Ton avenir ne les intéresse pas, elles veulent du présent. À leurs yeux, tu n'es qu'un sympathique rond de fumée. Elles veulent du statut. Un type qui est déjà une tour Montparnasse, fût-il vendeur de pièges à cloportes.

– Rassure-moi tout de suite, dit José. Dans quelle catégorie on joue, nous ?

– Nous, c'est la « C », dit Léo sans hésiter. Les filles de cette catégorie se contentent d'un brave gars, gentil et travailleur. Elles veulent bien faire crédit, seulement attention, il faut qu'on les fasse rêver un minimum. Un débrouillard, en somme, qui n'a pas que des confettis dans les poches, mais aussi une solide cartouchière de projets lucratifs.

Il semblait pourtant que c'était la surabondance des idées inachevées qui avait découragé Cécile. Comme d'habitude, Léo mesurait le monde à l'aune de son propre menton.

Il ne fut rien dit de la catégorie « B », car José s'était lassé. Léo manquait de crédibilité. N'était-il pas, au fond, un tocard dont les conquêtes féminines ressemblaient aux ordinateurs qu'il bricolait : des secondes mains mal entretenues, à l'esthétique banale ? La dernière avait un rire pénible de 2CV, sur des dents mal plantées, pour ne rien dire de son intelligence de klaxon.

– Ah, au fait, dit José. Les planches d'imprimeur, les affiches, j'ai réfléchi, je passe mon tour.

Les pouces cessèrent de vivre.

– Comment ça ?... T'es dingue.

Il y avait dans l'expression de Léo un mélange d'inquiétude sincère et de pitié un peu condescendante.

Le monologue de vingt minutes qui suivit, fait de verve entrepreneuriale, d'appels au courage, d'exemples édifiants tirés du monde de la libre entreprise, aurait arraché des larmes à un fonctionnaire de droit divin. José resta inflexible : il y avait déjà trop de gâchis dans cette affaire.

– Toi, je te vois rouler sur la pente de l'esclavage, conclut Léo avec amertume.

Esclave ou pas, ce fut José qui paya le café.

UN RIRE DE JEUNE FILLE

C'est peu dire que les marchés de niche font rarement rêver les grands capitaines d'industrie ou les conquistadors de la finance, et encore moins l'opinion publique qui n'a d'yeux que pour le grandiose, le gothique flamboyant, le gras et le sucré. Ainsi négligée, la niche n'en nourrit que plus généreusement l'entrepreneur qui a su l'occuper tranquillement, avec patience et passion, dans la pénombre des bonnes affaires gardées pour soi.

Les fèves d'Épiphanie sont une niche, un minusculissime commerce, protégé des requins par la petitesse de l'enjeu financier et l'apparente idiotie de cette occupation. Celui qui veut bien y consacrer un peu de temps découvrira cependant un univers de passionnés, courant les boulangeries et les ventes spécialisées, faisant la queue dans les salons consacrés, dépensant la prunelle des yeux pour ces ridicules objets de désir, sacrifiant aussi pas mal d'espace pour le rangement de tous ces trésors dans des meubles à tiroirs. Comme pour la philatélie ou la numismatique, les prix sont fonction de la rareté, certains spécimens valant plusieurs SMIC. Le profane sera étonné d'apprendre que les Asiatiques sont parmi les plus fervents collectionneurs, accumulant des dizaines de milliers de pièces, et que certains boulangers, ayant senti le filon, produisent des séries limitées dont les prix flambent sur internet.

Ainsi la fève n'est pas plus stupide *objectivement* que beaucoup de commerces, contribuant à la lucrative survie d'une cinquantaine de marchands et spécialistes de par le monde, cercle de privilégiés où il est tentant de percer, n'en déplaise à Cécile.

Ainsi la naïveté et l'amateurisme n'ont pas de place dans la fève de haut niveau.

Il disposa les fèves sur une feuille noire et ajusta l'appareil. Il y avait la série des rois de France, hideuse, grossièrement moulée d'après des portraits célèbres, dont ceux de François Ier en buste par Clouet et de Louis XIV en pied par Rigaud. L'émail avait coulé sur les contours, et les couleurs, lavasses, accentuaient la difformité des proportions. En bas de chaque figurine, le socle portait le nom du souverain et les années de son règne – il est appréciable que la fabophilie soit une discipline où l'on peut réviser son instruction.

Les premières images étaient doublement sinistres : à côté de la laideur intrinsèque de la fève, on y voyait aussi la médiocrité de son entreprise. Mécontent du résultat, il fit une nouvelle prise de vue sur papier blanc. Le teint cadavérique de la faïence baveuse en devenait encore plus insupportable.

Il sélectionna les images qu'il voulait corriger et lança Photoshop en *batch*, pour essorer de gros volumes d'images. L'ordinateur se transforma alors en un marteau-piqueur silencieux, et ce fut un plaisir immense, oui, immense de le voir abattre une montagne de dossiers dans un déchaînement de fenêtres bondissantes.

– « Tu manques d'ambition », pestait-il.

Il constata avec plaisir qu'il parvenait à traiter une soixantaine d'images par heure, sans trop d'efforts. Quand il avait lancé le business, il allait trois fois plus lentement, et se trompait souvent.

Tiens, la porte d'entrée : Jean-Jules venait de rentrer. On l'entendit jeter les clés sur la table de cuisine. Puis il alla dans la salle de bains se laver les mains : on ne sait jamais, avec tous ces germes. Dans l'ordre immuable des rotations terrestres venait ensuite le goûter.

– Eh, il est où le beurre ?... Douce France, c'est quoi cette merde ?

Pas de doute, il avait mis son nez dans le frigo.

José avait acheté du canard laqué pour le dîner, chez le chinois, près du RER. Il lui restait aussi des frites de la veille, dans une barquette.

– Ça ne sent pas la rose, hein.

Pas d'affolement, Jean-Jules. D'ici peu, José aura tout mangé. Il a toujours bon appétit, c'est un organisme en pleine croissance, et peu regardant sur la qualité. Tu pourras recevoir ta copine sans rougir. De toute façon, vous restez dans ta chambre à vous frotter, ce serait étonnant qu'elle aille renifler la cuisine, à moins qu'elle ne soit réellement amoureuse, avec des vues de long terme.

– Je compte sur toi, hein.

Et Jean-Jules s'enferma sur son territoire d'où commença à couler une soupe pop dont on distinguait clairement le pilon des basses.

José tourna lui aussi le bouton de sa mini-chaîne.

Ainsi isolé par un mur de musique, il fit une courte description pour chaque lot, toujours la même dans ses grandes lignes. Nom de la série, nombre de fèves, défauts éventuels : il évaluait l'état de la marchandise, et, à cet exercice, il montrait plus d'honnêteté que Léo. La courbe de l'expérience se laissait grimper. Bientôt, à n'en pas douter, il serait au sommet !

– « Tu manques d'ambition ! »

Il avait ouvert et mis à jour TurboLister, il signifia au programme qu'il était prêt à lancer ses lots en ligne.

Pendant que ça moulinait, il chercha du lapis-lazuli sur eBay, sans rien trouver de joli ou d'abordable.

Il reçut les confirmations de ses annonces, qu'il détruisit pour ne pas saturer la boîte aux lettres, et vérifia, en se connectant à son compte, qu'il ne s'était pas trompé de catégorie. Son œuvre comportait quatre-vingts lignes : une soixantaine de séries de fèves, et un reste de lots divers, des invendus d'avant les vacances.

Il suffisait qu'il vendît un lot sur cinq pour amortir ses coûts et amorcer la pompe du pouvoir d'achat.

Dites, et s'il vendait les trois quarts, comme ça lui était arrivé en juin, avec un lot de fèves Fauchon, parti à plus de quatre cents euros ? Depuis cette vente miraculeuse, à chaque fois qu'il passait aux puces, il achetait toutes les Fauchon qu'il trouvait, sans parvenir au jackpot pour autant. Il en déduisit qu'il devait y avoir un détail qui lui avait échappé, un poinçon, un découpage spécial, une couleur qui changeait le plomb en or, transformant une insignifiance des plus jetables en un objet recherché des connaisseurs. Avec un peu de flair et d'audace, il parviendrait à comprendre la martingale de la fève, il s'y connaissait déjà un peu et chaque semaine qui passait améliorait ses rendements.

– « Tu manques d'ambition ! »

À n'en pas douter, les minéraux et fossiles de l'île Saint-Louis avaient aussi commencé petits, et regardez-les maintenant : une vitrine qui rayonne, des objets rares à foison, et cette magnifique pierre bleue !

Il se demanda ce qu'il ferait de Cécile une fois son affaire sur orbite. Passer à la galerie pour l'inviter aux huîtres ?… La snober ?…

Tandis qu'il jouait aux osselets de sa froide revanche, il entendit Jean-Jules ouvrir la porte d'entrée, et un rire de jeune fille traversa l'appartement pour finir sa course loin de José, derrière la cloison.

Le blockhaus

Le lendemain, comme on était mercredi et qu'il ne travaillait pas à la boutique, José se transporta dans la cuisine à neuf heures passées, et se mit à frotter ce qu'il avait comme vaisselle en retard. Ces gestes étaient lourds et baveux : commencer une journée par du rangement est démoralisant.

Il noua les oreilles de la poubelle et la tira du seau en plastique. Des restes de sauce chinoise coulèrent sur le carrelage. Il œuvra alors à l'éponge, en pliant et dépliant des articulations mal réveillées. On remarquait au passage que le coin où Jean-Jules avait pris le petit déjeuner était parfaitement nettoyé, les couverts lavés et séchés, le paquet des céréales aligné sur la couture de la cuisinière.

« Monsieur Idéal s'est levé à sept heures pour faire le ménage avant de partir à l'école, pensa José. Il veut impressionner sa chérie. »

On entendit un clapotis de pieds nus, et une grande fille en chemise de nuit passa une tête aux yeux dépareillés.

– Ah, tu es là, fit-elle. T'es le coloc ?

– Ben oui, fit-il assez sottement. Qui veux-tu que ce soit d'autre ?

– T'as du café ?

José répondit que, pour le moment, non, mais que ça ne tenait qu'à elle qu'il y en eût, si elle voulait faire l'effort de prendre l'affaire en main car il n'y avait pas de raison que ce fût toujours lui qui fît le café, alors qu'il en consommait trois fois moins que Jean-Jules.

– Bonjour le pygmée, siffla la fille, arrogante dans son bout de tissu qui ne cachait rien. Elle a eu raison de te plaquer, comment qu'elle s'appelait déjà ?... Jean-Jules ne m'a pas dit son nom.

Elle passa sous son nez et se mit à explorer le contenu de l'armoire. José respira un nuage frais de parfum sucré, suavement agaçant. « Attention, peinture fraîche », pensa-t-il. Et aussi : « Je ne quitterai pas cette cuisine. »

– Je vois que l'information a été plus rapide qu'une blennorragie.

– Les MST, on se protège, protesta la fille.

– C'est une image, fit José en soupirant.

Enfin, elle trouva le filtre à café.

– Oh, tu sais, moi, tes histoires, je m'en fous, bâilla la fille.

– La preuve que non, remarqua José.

– Chacun sa vie, dit la fille. Il y en aura toujours qui mangeront de la sauce niam-niam un peu gluante (elle se pencha au-dessus de la poubelle), pendant que d'autres, pour le même budget, trouveront un traiteur libanais de qualité.

José haussa les épaules.

– Gluant est le mot. Il y en aura toujours qui se mettront avec un zozo aussi péniblement mirobolant que Jean-Jules, pendant que d'autres, pour le même budget, préféreront avoir une vie plus palpitante et éviteront les mecs aussi prévisibles qu'un rouleau de papier-toilette.

La cafetière se mit à ronronner. La fille leva un sourcil. Ils réfléchissaient à la meilleure manière de faire enrager l'autre.

– Ah, et puis laisse tomber.

– Ce n'est pas moi qui ai commencé, dit José. Mais cette conversation est absolument inutile : il se pourrait que l'on ne se revoie plus jamais, toi et moi. Car ce ne sont pas les filles qui manquent ici – un vrai pot de miel, ce Jean-Jules. À la Saint-Valentin, c'est par dizaines que l'on sort des enveloppes roses de la boîte aux lettres. Il y en a même de l'étranger. Vous, les filles, vous êtes de sacrés capteurs Geiger de la réussite potentielle. Jean-Jules se paye le luxe d'être un Don Juan passif, une ampoule allumée dans la nuit. Les gamètes femelles tournoient autour de lui comme s'il était en or massif, malgré un physique ordinaire de jeune homme ni beau ni laid. On lui trouve des qualités insoupçonnées.

Il se souvint qu'un matin, sur le paquet de Miel Pops de Jean-Jules, on avait découvert un petit mot d'amour, épinglé en trois phrases par une certaine Virginie : « Merci d'exister. Tu es tellement social. Tu es tellement concerné. »

– C'est fou, tout de même, non ? conclut José. Il est *social* maintenant. *Concerné.* À tout hasard, je m'excuse, ce ne serait pas toi, Virginie ?

À voir l'air contrarié de la jeune fille, non, ce n'était pas elle.

– Ne parle pas de Jean-Jules comme ça.

En temps normal, José n'avait pas spécialement envie de parler de Jean-Jules... pour dire quoi, d'abord ? Comme coloc il est parfait : horaires réguliers, garçon positif, serviable, il ne salit pas la cuvette des W.-C., les tâches ménagères sont exécutées méthodiquement et sans précipitation, sa partie du frigo est toujours impeccable, il ne boit pas, ne fume pas, et même la soupe pop qu'il écoute reste supportable, raisonnablement terre à terre, aussi peu surprenante que la mort d'un patient en soins palliatifs. Pour le loyer, il est toujours en avance, et ce n'est pas son cousin qui l'aide, comme c'est parfois le cas de José, il trouve l'argent en donnant des cours de maths, de physique et d'anglais, car, en plus d'entamer un troisième cycle dans une école d'ingénieur, il s'est débrouillé pour passer le test de Cambridge.

– Jean-Jules est sur le point de décrocher une bourse.

Ce n'était guère étonnant, pensa José. Il le méritait. Il y a des gars dont on peut jurer, dès leur âge de raison, qu'ils auront une bourse tôt ou tard, c'est gravé sur leur front. Jean-Jules, un prénom double, pour un type qui tient bien sur ses deux jambes, ne se contentant pas de la station debout mais avançant tranquillement, par petits bonds bien ajustés, avec la sérénité d'un ballon de basket, et ce n'est pas juste une image, car il en fait, du basket, tous les samedis, et de l'aviron aussi, un lundi sur deux, quand il n'est pas à son comité bénévole pour la réinsertion des jeunes délinquants. Les jeudis, avec sa carte d'abonnement, Jean-Jules se cultive au théâtre.

– Il n'y a pas d'êtres plus différents que vous deux, trancha la fille.

– Nous sommes d'accord, dit José. Et je le prends comme un compliment.

Plus tard, on imagine que Jean-Jules ira en Amérique, comme tous ceux qui font partie de la caste sacrée des boursiers. Il nous fera là-bas une ou deux universités en post-doc, avec toujours cette même sérénité désarmante du parfait petit engrenage, puis il reviendra, comme Tintin, auréolé de sa tranquille bonne étoile, et déjà à l'étrier d'une importante direction ou dans une ambassade, un ministère, une fondation.

– Quand il rentrera, si vous êtes toujours ensemble, ce qui tiendra du miracle, il faudra montrer les canines, dit José. Car elles seront nombreuses à se tortiller devant son imposante carrure, et, j'aime mieux te prévenir, il y en aura qui seront prêtes à coucher le premier soir. Je ne critique pas, je ferais pareil à leur place. Léo me l'a expliqué. Jean-Jules doit être niveau A–, B+ en notant sévèrement, c'est te dire. Se mettre avec lui, c'est comme vivre dans un blockhaus : les bombardements de la vie n'atteindront pas le cocon de l'heureuse élue. Il restera à décorer le blockhaus, mais ça, tu sauras faire, si vous êtes toujours ensemble. Ça peut être mignon, un blockhaus, au printemps.

Arrivé à ce point dans le mordant teinté de jalousie, José se dit qu'il s'était aventuré au milieu du gué. La fille était capable de cafter et il serait ennuyé.

– Merci de m'avoir prévenue, dit-elle cependant, et ses yeux dépareillés devinrent soucieux et calculateurs. On va y réflechir. Tout cela mérite quelques ajustements.

– À ton service, dit José.

– On finira par s'apprécier, conclut la fille, et, le café à la main, elle quitta la cuisine, laissant José à ses éponges.

Mark Zuckerberg

Une semaine passa et disparut. À l'échelle du monde, aucune importance, on ne la revit plus jamais. À celle de José, des fèves se sont vendues. Une dizaine de lots au total avaient trouvé preneur, dont cinq chez un Japonais. C'était un début. José fit des paquets et poireauta à la poste.

Il savait qu'il ne pouvait se permettre d'économiser sur l'emballage s'il voulait que la marchandise arrivât en bon état chez le client, à Yokohama. Il fallut trouver du papier à bulles et de petites boîtes rigides en carton – attention, si celles-ci sont trop grandes, les frais d'affranchissement explosent. José alla dans plusieurs magasins de fournitures de bureau, pour constater que l'emballage seul coûtait pratiquement autant qu'une fève. C'était de la mauvaise économie, et il ne pouvait s'en sortir. Là-dessus, un copain de Léo proposa d'acquérir tout un lot d'emballages avec une belle remise. Il fallait le voir comme un investissement. José prit sa part de cent cinquante boîtes dépliées et les fourra sous le lit, déjà encombré de claviers, de disques durs, de perfusions pour téléphones portables.

Avec un bilan comptable aussi médiocre, José était bien content d'avoir un job chez Jardin Micro, dans le XIIe, où il était chargé de tester les ordinateurs d'occasion, avant de les nettoyer, de réinstaller le système et de les aligner dans une vitrine. Le job était micro dans tous les sens du terme, occupant José pendant deux journées par semaine moins les jours fériés, payé au gris, tantôt avec une fiche de paie, tantôt en espèces, comme ça arrangeait tout le monde. Outre les faibles revenus, le principal inconvénient était le temps qu'il passait dans le métro, cinquante minutes à l'aller, la même chose au retour, dans une compote de petites galères qui l'exaspérait.

Il n'était pas le seul – maigre consolation. Souvent, il y avait un incident sur sa ligne et il devait patienter dans l'odeur et la promiscuité d'autres vies aussi peu intéressantes que la sienne. Il se disait alors qu'il n'était pas le plus à plaindre : il avait des diplômes, ce n'était pas le cas de tout le monde. Au Salon de l'étudiant, où il s'était rendu deux ans auparavant, on lui avait assuré que son bagage avait un « profil pluridisciplinaire », qu'il était « recherché ». Ce n'était qu'un blindage en informatique, mais il était censé ouvrir pas mal de portes, en théorie. Concrètement, la seule qu'il lui avait ouverte fut celle de Jardin Micro. Ce n'était pas si mal : Léo n'avait jamais eu un boulot aussi régulier. Quant à son copain de promo Boris, armé génétiquement d'une remarquable carrure musculaire, il livrait des pianos pour la boutique Paul Beuscher.

Il est des familles où le mot « informatique » fait encore rêver. Il suffisait d'entendre sa mère en parler aux amies : José se transformait alors en Christophe Colomb, Tamerlan, Napoléon. Universelle, la clé à molette informatique ! Quand il leur disait qu'ils retardaient de vingt ans, qu'internet avait touché ses limites, que l'expansion prodigieuse des connaissances mises en commun arrivait à un point critique où l'ajout de connaissances nouvelles n'apportait que lourdeur et chaos, et que, parallèlement, si l'on ne regardait que l'aspect pragmatiquement nourrissant de ce travail, les places confortables étaient déjà prises et verrouillées, et les fulgurantes découvertes réalisées, et que, si l'on voulait bien se montrer objectif, l'informatique était en train de prendre le chemin de la sidérurgie de demain, ils le fixaient de leurs yeux enamourés sans l'entendre et son père déclamait un alexandrin d'inspiration confucianiste (« Le train informatique se hâte lentement ») tout en souriant mystérieusement.

Pour être exhaustif, signalons aussi que José avait une formation en techniques de communication, option création d'entreprise. Ce beau document servait à rassurer ses parents, mais en pratique il ne valait pas une fève. Cela voulait-il dire qu'il manquait d'ambition ? Non, au contraire, semblait-il. Informatique et commerce : la belle alliance ! Il s'était donné les moyens de partir du bon pied. « Sur le papier, je suis un colosse », pensait-il parfois, et il contemplait ses biceps, satisfait. « Mark Zuckerberg. »

À d'autres occasions, la crudité de son inconsistance lui revenait à la figure. « Mes diplômes sont du vent, se disait-il alors. Quand on gratte un peu, il y a le vide. » Soyons honnêtes, ni l'informatique ni le commerce ne le passionnaient. Les recruteurs touchaient du doigt ce néant, et leur sourire, tout en viscosité, devenait alors une barrière infranchissable. De son côté, après chaque entretien d'embauche, José sentait qu'il n'était pas une « ressource humaine » quel que fût l'angle sous lequel il se jaugeait, jamais il ne saurait se contenter d'un plan de carrière fait de sauts de boîte opportunistes et d'accumulation de points retraite. Il était flou, son avenir était fade, sa bonne étoile fantomatique.

Il en était là, à faire des comptes de fourmi, pendant que lentement s'écoulaient les usagers de la poste. Quand il revint chez lui, il trouva la facture du loyer.

Ça ne serait pas un problème pour Jean-Jules : on pouvait être certain qu'il avait mis de côté la somme depuis pas mal de temps, et les charges aussi, car il était prévoyant et organisé comme une crémation. Cet être raisonnable n'avait pas dépensé son argent en spéculant sur un lot de fèves, il n'avait pas entassé des cartonnages idiots sous son lit, il ne flottait pas sur un radeau mal ficelé sur l'océan de la débrouille. Il fallait le reconnaître, l'utilité de Jean-Jules à la bonne marche de l'univers était infiniment supérieure à celle de José.

Il prit une feuille et y coucha sans concessions le bilan des opérations. La situation ressemblait à un cul-de-sac troué. Dans un saisissant parallèle avec l'économie nationale, déprimée et exsangue, les recettes stagnaient, les désirs s'accumulaient, l'argent s'échappait. Que faire ?... José entreprit de colorier les 0 de sa feuille de calcul, puis il écrivit « Mark Zuckerberg » dans la marge, et le coloria également.

Il en était là dans sa rêverie stérile lorsque le téléphone commun se mit à sonner.

– Bonjour, dit une petite voix quand José décrocha. Vous m'avez appelé, je crois, mais j'étais en déplacement, au collège. Je suis Bruno.

Flottement chez José.

– Bruno, de Théophile-Gautier. Pour un cours de maths à domicile. Je me trompe de numéro, peut-être ? Pourtant j'ai fait « rappel automatique ».

– Ah oui, comprit José. Jean-Jules n'est pas là, on est lundi, c'est aviron. Je vais noter vos coordonnées…

– Jeudi, vers 18 heures, ce serait parfait.

– Je transmettrai, promit José.

– Vous avez l'air fatigué, dit soudain la petite voix. Pour un lundi, ça augure mal de la semaine. Vous avez quel âge ?

– Euh, fit José, décontenancé.

– Vous devriez essayer la lumière de lune, dit Bruno. Changez-vous les idées.

« De quoi je me mêle ? » pensa José. Mais à voix haute, il dit :

– Je transmettrai. Jeudi, 18 heures. Au revoir.

Il lui revint alors en mémoire que les jeudis Jean-Jules était pris par sa sortie au théâtre.

– Allô ? allô ?

Trop tard, on avait raccroché.

– Et merde ! dit José, et il y avait dans son juron plus de mauvaise jubilation que de matière fécale. Qu'il se débrouille, le premier de la classe !

José n'était pas une secrétaire, à la fin.

On pouvait être certain que Mark Zuckerberg ne notait pas les numéros des cancres arrogants pour les transmettre à un coloc quand celui-ci était en vadrouille. Mark Zuckerberg enjambait les flux du destin au lieu de subir les brimades de la réalité. Mark Zuckerberg saisissait les idées en plein vol et s'en empiffrait, car son esprit, monté sur ressorts, sentait les courants sous-marins et les mouvements d'air ascendant. D'ailleurs, Mark Zuckerberg retournait Montargis comme une crêpe et les rames du métro se vidaient devant lui.

La fève ne voulait pas de lui ? Qu'à cela ne tienne ! Roi du *timing*, Mark Zuckerberg se débarrassait de la fève et rebondissait dans une autre dimension, il s'inventait une *méta-fève*, et cette nouvelle occupation devenait aussitôt mine d'or, tandis que la fève d'origine, délaissée, sombrait dans les abîmes du passé, on n'en parlait plus que comme d'une étape, simple marchepied sur le tapis roulant de la réussite.

Le soir, après avoir mangé des lasagnes décongelées, Mark Zuckerberg se perfectionnait en lisant un livre de vulgarisation informatique de la série « pour les nuls » et se couchait tôt, pour profiter d'un sommeil réparateur.

La cavalerie

Mardi, mercredi, il fit ses calculs : il ne lui manquait pas grand-chose pour boucher la passoire. Léo lui devait un peu d'argent pour un lot de câbles. Il pourrait quémander une avance à la boutique. Et il avait un compte sur internet où s'accumulaient les médiocres produits de ses ventes. Non, vraiment, un coup de pouce suffirait.

Jeudi matin, Jean-Jules lui demanda s'il pouvait se dépêcher de régler sa part de loyer.

José fit quelques étirements, quelques gestes de karatéka, et il composa Bruno.

– C'est pour confirmer le cours de maths. Ce soir, 18 heures.

Il répéta pour asseoir sa voix sur une note enjouée, pleine de tranquille assurance :

– Ce soir, chez vous, 18 heures.

– Ah mais je me souviens, dit cependant Bruno,

c'est vous qui aviez cette intonation de fin du monde. C'était donc vous, Jean-Jules.

– Oui, dit José. Je vous prie de m'excuser, je suis énormément sollicité, et je ne voulais pas m'engager immédiatement et vous donner de faux espoirs avant d'être certain que mon agenda soit dégagé. Vous pouvez m'appeler José.

– José ? s'étonna l'autre.

– Oui, c'est plus simple, dit José. Jean-Jules est mon pseudo internet, et il fait un peu loser, je trouve.

– C'est vous qui voyez, dit Bruno. À ce soir, donc.

Une bonne chose de faite, pensa José sans ressentir beaucoup de remords.

Après tout, il n'avait qu'à être là, le Jean-Jules. À force de courir, on rate des opportunités, c'est naturel et il ne faut pas faire l'étonné. José habitait à la même adresse, il avait le même âge que Jean-Jules. Il n'avait pas été mauvais en maths, à l'époque, et pour poser des rustines niveau collège à un cancre complètement dépassé, on n'avait pas besoin d'être un crâne d'œuf. En quoi était-il moins légitime ? Le système solaire ne serait pas perturbé si c'était lui qui allait instruire la marmaille au lieu de la tête de gondole.

Il y allait de la justice, de l'égalité. Jean-Jules donnait des cours à ne plus savoir qu'en faire, et, de toute façon, il était pris les jeudis soir – théâtre. Il aurait refusé le plus naturellement du monde, sans un micron de pensée pour José. Dans ces conditions, qui était José, sinon un moineau affamé gobant une miette échappée au festin d'un gras pigeon ? Pouvait-on lui en tenir rigueur? Dans l'ordre des choses, il avait le droit lui aussi à un peu de survie.

« À quelle époque vivons-nous, si des jeunes en sont réduits à se chiper du travail les uns aux autres ? Pas des ordinateurs ou des filles, non, du *travail* ! » se désola José en ouvrant un plan de Paris.

Bonne surprise, le collège Théophile-Gautier n'était pas loin de la boutique. Il irait à pied, juste après son après-midi de garde. Tout s'agençait pour le mieux.

Comme on les aime, ces instants où la vie semble obéir à la volonté d'une bonne fée !

En prenant le métro, il ne fut pas loin de penser qu'il y avait en effet un dessein cosmique dans son passage à l'acte. Au-dessus de la dame assise en face de lui sur le strapontin, il vit une publicité pour Acadomia, « cours particuliers à domicile ». On y voyait une admirable gueule de professeur, les cheveux courts, grisonnants à la façon d'un officier de l'armée de l'air, la compétence souriante, le pull rouge négligemment posé sur les épaules comme une cape de super-héros, et la profondeur d'un regard complice, une ride délicate et rassurante rayonnant au coin de l'œil, un air de pilier de la société où il se reconnut immédiatement.

« C'est tout moi, ça, pensa-t-il avec un soupçon d'ironie. Bruno, gare à toi, la cavalerie arrive. »

Moscou

Dites, que serait un vernissage sans le dindon qui fait tinter sa culture comme d'autres une gourmette, citant Max Ernst et Max Frisch dans l'ordre et le désordre, n'hésitant pas à lancer des ponts ô combien suspendus vers Karl et Groucho Marx, ramenant dans ses filets l'empereur Maximilien, et, petite touche de snobisme ultra, tricotant des mitaines aux paroles de Maxime Leforestier ?

Cécile tentait de suivre, *max* ceci, *max* cela, en creusant désespérément son bagage culturel, mais rien ne venait hormis les soldes Catherine Max, Max Mara ou Maxim's – il est des jours où l'on s'enfonce.

« C'est tout à fait mon type d'oiseau », se disait-elle tandis que des scarabées d'or dansaient dans ses yeux.

L'oiseau, pas si rare, ne s'offusquait nullement de parler tout seul, au contraire. Il savait que les galaxies, éblouies par ses fulgurances, tournaient autour de sa personne, exclusivement. Les spots de la galerie l'éclairaient davantage que les œuvres, faisant ressortir ses cheveux intelligemment mis en broussaille, sa veste façon « déchirée », ses lunettes un brin excentriques (mais de marque comme il faut), son élocution de surdoué.

Ça se pressait autour d'eux – la proximité du buffet créait un entonnoir.

Il y avait les parasites habituels, vaguement journalistes, critiques d'art, experts auprès des commissaires-priseurs, et quelques faiseurs d'opinion de la rue Trifouillard-Bonaparte.

Un collectionneur allemand, le seul acheteur concret dans ce ramassis de pique-assiettes, un industriel que le galeriste travaillait au corps, laissa une olive s'échapper vers les escarpins en daim de Cécile. Elle l'esquiva d'un mouvement léger et fluide – un pas de danse. Pas de doute, cet espace-temps avait été conçu exprès, elle semblait en maîtriser tous les rouages et prendre un plaisir à exister dans le flash instantané du présent, le corps enroulé comme le serpent d'Ève autour d'une flûte en plastique où s'époumonait un champagne de catégorie Z.

Henri Cartier-Bresson, pendu aux murs, n'intéressait que peu de monde. Les photos étaient connues, elles avaient été publiées dans *Moscou*, en 1954. Le livre était exposé dans une vitrine.

– D'habitude, ici, c'est un tout autre registre, dit l'oiseau. Tablez plutôt « Francesca Woodman ». (Il signifia les guillemets.) Là, nous sommes dans le macabre. À quand une expo Marville ?

Cécile gloussa pour montrer qu'elle appréciait cette réflexion pertinente. C'était exactement ce qu'elle attendait de Paris, ce pourquoi elle avait quitté La Rochelle deux ans plus tôt, le tourbillon était enfin venu la chercher et la faisait valser dans cette dentelle de paroles moussantes.

José connaissait à peine Cartier-Bresson, se souvint-elle. Et encore, il n'était pas exclu qu'il le confondît avec le joaillier Cartier ou, ce qui était pire, avec le fabricant de montres Yonger & Bresson. Quand elle lui avait montré le carton d'invitation, à quelques jours de leur rupture, il avait haussé les épaules, avant d'oser un suicidaire : « Je ne savais pas que la photo noir et blanc existait encore. » Il avait cependant reconnu Moscou à la file d'attente devant le mausolée de Lénine. « On dirait des photos de touriste », avait-il dit, et elle avait failli s'évanouir d'indignation. « Mes parents, quand ils sont allés à San Francisco, c'était les mêmes angles, les mêmes visages sans intérêt dans leur album de voyage », analysait José, inconscient des sables mouvants qui s'ouvraient à ses pieds.

Plus tard, quand il eut compris qu'il aurait mieux fait de se taire, il essaya de se rattraper en se documentant. Cécile le surprit en train de creuser dans Wikipédia un article sur l'histoire de la photographie.

Évidemment, on ne pouvait rien attendre de folichon d'une tranche de culture glanée à la va-vite sur internet.

– Visez-moi cette photo de colonie de vacances ! crâna soudain l'oiseau, sortant Cécile de ses réflexions.

Il montrait un métro moscovite. Cartier-Bresson s'était placé face au grand escalier roulant. Des citoyens soviétiques ordinaires descendaient pour aller au travail. Les chemises étaient courtes, nous étions en juillet. Les visages – fermés mais pas hostiles.

– Les soviets nous l'ont enfariné, notre photographe ! s'acharnait le jeune homme. Encadré par des interprètes-carpettes, l'artiste s'est défait, vous ne trouvez pas ?... (Cécile eut un petit rire complice.) Où est son sens du portrait – Camus, Giacometti –, où sont ses grandes envolées du réel ?... À la place, que voit-on ? « La place Rouge était vide... Nathalie, Nathalie... » Sacré HCB ! Un vrai petit photographe du dimanche.

– Je suis tout à fait raccord, dit Cécile avec empressement.

Cruelle injustice : ce qui rend Paul insignifiant embellit Pierre.

Pas besoin d'être Margaret Mitchell pour en déduire qu'il lui plaisait beaucoup.

Il marquait d'autant plus de points qu'il n'avait pas encore engagé de flirt, il n'avait pas l'air plus intéressé que ça par l'étalage de belles choses que Cécile lui apportait, pour ainsi dire, sur un plateau. Des sourcils épais et sombres, un nez miniature, un sourire plein de promesses, et, sur la poitrine, un atout en forme de décolleté où tombaient pas mal de garçons (personnellement, en d'autres temps, je n'y aurais pas résisté).

Ainsi, sans qu'elle s'en rendît compte, se concrétisait son ambition à court terme, en ce jeudi soir où José officiait à son premier cours de maths.

Le théorème de Thalès

Père et mère Bruno accueillirent José dans le living, pièce-pivot de tout appartement comme il faut, meublé de trois éléments indispensables à la survie de l'espèce *telerama mediocris* : une télé 105 cm, un canapé et une table basse, où flottait, tel le radeau de la Méduse attendant le sauveur, une monographie de Botticelli (éd. La Martinière, 85 euros). Jamais personne n'eut le courage de la prendre en main – le père, quand madame ne le voyait pas, y posait parfois son verre de porto. José laissa son regard errer sur la couverture dans le drapé de la Primavera.

– Vous êtes étudiant à l'ENPS, c'est bien ça ? demanda le père en remuant son café. C'est exactement ce dont Bruno a besoin, parce que les études littéraires, à l'époque où nous vivons, ce n'est pas l'Eldorado, si vous voyez ce que je veux dire. Pour ce que ça sert !

– Pourtant, il avait des bonnes notes jusqu'en sixième, cinquième, intervint la mère, en prenant une intonation légèrement étonnée devant l'incroyable glissade que les Dieux avaient organisée pour son petit fripon. Il a même été premier de la classe !

Le phénomène est bien connu : tous les cancres ont été des premiers de la classe, avant de sombrer, en effet, vers la classe de cinquième. Par une étrange loi des séries, le collège est un triangle des Bermudes où disparaissent des millions d'élèves. L'éducation nationale les perd sur son écran radar, elle ne les revoit plus jamais.

– C'est à cause de sa prof de français, dit encore mère Bruno.

– Une lesbienne, précisa son mari.

Il est entendu que la chute de l'homme est toujours la faute du serpent. Jusqu'où irions-nous, vers quels succès, quel Everest, si on n'avait pas ces boulets à nos basques que sont les professeurs de français et toute l'armée de leurs collègues incompétents ?

– Le français, c'est malheureux, mais on peut parfaitement s'en passer aujourd'hui, constata mère Bruno.

– Le français nous éloigne du sujet, recadra le père. C'est l'excellence dans les matières qui comptent que nous voulons pour Bruno.

Par une grimace, José fit comprendre qu'il était là pour ça.

– Ça tient souvent à peu de chose, dit-il, faisant preuve de finesse psychologique. Un regard, un sourire, un encouragement suffisent souvent à relancer la machine. Il ne faut pas vous inquiéter.

– C'est exactement ce que je dis toujours, dit mère Bruno. Tout est dans l'attitude.

– M'enfin, il faut aussi qu'il travaille, dit le père, réaliste.

– On va s'y mettre, dit José.

Ce fut sur cette note optimiste qu'on lui présenta Bruno, un grand gaillard aux yeux malins et une coupe de cheveux à la Beatles 1962, proprichonne et sophistiquée, pas un poil plus haut que l'autre, la crinière recouvrant le front comme un bonnet de natation. Il emmena José dans une chambre spacieuse de fils unique, joliment décorée d'écrans plats où frémissaient des lignes de code. Une console de jeu, dont le couvercle avait été escamoté, semblait attendre le médecin légiste pour une leçon d'anatomie, un voltmètre plongeait ses fils à pinces dans les entrailles. Des milliers de DVD, sans doute piratés, dans de fines boîtes translucides, montraient l'étendue du savoir-faire de cette civilisation. Au milieu de cette modernité, dans un anachronisme esthétique flagrant, Bruno avait accroché au mur une reproduction du calendrier lunaire d'Athanase Kircher (c'était marqué en bas, à côté du cartouche « *Savants et alchimistes*, exposition de la Semaine médicale de Paris, la

Salpêtrière, 2005 »). La lune avait le visage joufflu et contrarié de la copine de Jean-Jules, et José sourit de cette vision soudaine.

Ils s'installèrent au travail. Bruno sortit un exercice et, sans chercher le moins du monde à le résoudre par lui-même, posa le cahier devant José.

– C'est pour demain. J'ai commencé à bidouiller, là, en copiant l'énoncé de la première question. Tu veux un stylo ?... Attends, il faut qu'il soit de la même couleur que le reste.

Il chercha dans sa trousse, fit un essai.

– Pour l'écriture, on s'en fout si ce n'est pas tout à fait la mienne. En maths, il n'y a que le résultat qui compte. Mais on aura de la chance ce soir, il n'y a pas de nuages, ce qui est rare pour une soirée de novembre. Allez, bon courage.

José ne voyait pas le rapport entre son problème et le temps qu'il faisait. Il haussa poliment les épaules et commença par lire l'énoncé. Il était question de géométrie. C'était une application du théorème de Thalès. José n'avait jamais aimé la géométrie. Il relut l'énoncé. Bruno avait sorti une tablette et tapait des textos.

– Il me faudrait une feuille de brouillon, dit José pour gagner du temps.

– Dans le tiroir du bas, dit Bruno.

José en sortit plusieurs.

Il plaça les deux droites, le point O, à l'intersection, et se mit à calculer les distances à la règle. Ça bourdonnait dans sa tête – un caisson électrique de la SNCF, orné de la tête de mort « danger », fait ce genre de bruit.

Il relut l'énoncé.

Le segment OA faisait 6 cm. Il en déduisit facilement la position du point A, qu'il plaça en prenant son temps. C'était un départ.

Il relut l'énoncé.

– Peux-tu me passer ton cours, pour que l'on soit sur la même longueur d'onde que ton prof, dit José avec assurance. Il y a en effet plusieurs manières de résoudre ce genre de problèmes.

Il avait raison, José. La première consisterait à avouer son incompétence. Il fermerait le cahier, dirait au revoir, et s'en irait couvert de honte, non mortelle mais enduite de goudron quand même. Personne ne porterait plainte contre lui parce qu'il avait oublié le théorème de Thalès. Il subsisterait néanmoins un sentiment d'échec, qu'il ne pourrait s'empêcher de mettre en perspective. Il retournerait à son coloc, ses fèves, sa boutique. Il ne toucherait pas l'argent qu'il avait déjà dépensé mentalement.

– On peut, bien sûr, employer la formule de Thalès *améliorée*, dit alors José, mais si vous ne l'avez pas au programme, on risque de se faire sanctionner.

Bruno soupira et alla chercher le sac à patates qui lui servait de cartable. Ils mirent dix minutes à retrouver le cahier de cours, puis, dans ce foutoir fait de pages gribouillées et de photocopies mal collées, à repérer Thalès, dans un titre encadré de rouge. Une grande plaine blanche s'étendait en dessous.

– J'ai pas mal manqué ces derniers temps, confessa Bruno.

– Alors il me faut ton livre de maths. Les programmes changent tellement vite… Je n'ai pas envie que l'on soit en retard d'une locomotive.

Encore cinq minutes de passées.

On trouva Thalès et l'on copia la formule sur la feuille de brouillon.

– C'est de là que l'on doit partir, dit José.

Il relut l'énoncé et plaça le point B :

– Je crois qu'on a avancé.

Les hésitations de son professeur eurent au moins le mérite de contraindre Bruno à lâcher sa tablette : après tout, le devoir était bien à rendre pour le lendemain. C'étaient maintenant deux têtes que l'on voyait penchées au-dessus des schémas. Leurs souffles se mêlaient, leurs stylos besognaient en commun. Ce fut cette vision idyllique qui frappa maman Bruno comme elle risquait un œil par la porte entrouverte.

– Je crois que l'on devrait s'inspirer des projections, suggéra Bruno. C'est ce que la prof avait dit, je crois. Les projections.

José se rappelait encore moins des projections, alors il fit une moue :

– Je ne comprends pas cette manière qu'ils ont, à Théophile-Gautier, de faire fixette sur Thalès. On peut en faire du chemin dans la vie, sans connaître le théorème de Thalès, beaucoup moins fondamental que, disons, Pythagore.

Comme il disait cela, il montra du menton les écrans plats, et, plus généralement, le standing de la chambre de Bruno, avec ces choses chères, un peu partout.

– Tes parents ne doivent pas se servir de Thalès tous les jours, et pourtant !

– Mes parents, soupira Bruno. C'est des *game over* finis, mes parents.

Singapour

Il est à Montargis une ancienne ferme rénovée où habitent les parents de José, M. et Mme Toeffler, heureux propriétaires d'un coin de verdure, d'un magnolia, d'une cabane à oiseaux, d'une petite fontaine et de mille choses encore, à « seulement une heure de Paris ».

Ils ont aussi un labrador qui est une ancre de paquebot – « il est indécent d'avoir un chien de ces dimensions dans une grande ville », répètent-ils comme une incantation –, ce chien les fixe désormais à Montargis pour l'éternité. Une voisine, vieille dame « charmante et cultivée », s'en occupe quand ils sont en voyage.

Dans le garage moisit une belle table de ping-pong, que l'on sort quand José ou sa sœur viennent en week-end. Dans sa jeunesse, M. Toeffler a été joueur de club, moult fois médaillé, et rien ne lui donne plus de plaisir que de placer un match contre ses enfants maladroits.

– Elle était liftée, celle-là, José !

Quand le temps le permet, on tire de sous une bâche un barbecue de marque américaine sur ses grosses pattes noires. On l'installe au centre de la pelouse où l'engin fait ses besoins, et l'on ne compte plus les soirées de printemps ou d'été – voire d'automne, si les anticyclones sont complices – où résonne la bonne humeur sous le magnolia, dans ce havre de paix au bord de la rue Aristide-Briand. La Terre pourrait s'arrêter de tourner que rien ne changerait à Montargis : la bonne odeur de grillade s'élèverait vers les cieux comme la fumée d'une offrande, et les Dieux, conquis, jetteraient en retour un peu de bienveillante satiété.

On pourrait croire que M. et Mme Toeffler sont retraités pour jouir ainsi d'une vie en dehors du temps. Il n'en est rien. M. Toeffler enseigne les SVT – sciences et vie de la terre – au collège François-Truffaut. Sa femme est assistante médicale à l'hôpital Lariboisière. Ils sont néanmoins en fin de carrière, et, comme c'est le cas avec tout ce qui touche à Montargis, on a l'impression qu'ils le seront éternellement. Et c'est très bien ainsi : immuables comme le méridien de Greenwich, les Toeffler sont des phares pour tous ceux qui doutent, les fébriles qui craignent de se briser sur les récifs d'une vie par trop chahutée.

– Vingt à sept, balle de match. Allez, on se concentre, José. Tu peux remonter. Tu dois remonter.

Il est sérieux.

José hausse les épaules et met la balle dehors.

– Oh non, tu te fiches de moi, se désole papa.

– Venez m'aider à mettre à table, la tatin est en train de refroidir, crie maman.

Le bonheur familial se range avec les balles de ping-pong dans des étuis prévus à cet effet et se transporte vers la maison où on le redéploye autour d'une nappe brodée, véritable phénomène de longévité, transmise de génération Toeffler en génération Toeffler, comme une bonne partie du code génétique.

– On en refera une tout à l'heure, dit papa en s'épongeant. Tu auras ta revanche.

Suit une cérémonie de convivialité.

La tatin s'accompagne de crème fraîche. Les parents prennent des nouvelles.

– Alors, comment tu t'entends avec ton colocataire ? Ne te laisse pas faire, hein.

– Tu as un Carrefour ? C'est bien Carrefour.

– Quand est-ce que tu nous le montres, ton logiciel, là, que tu voulais boucler ? Rien ne presse, établis-toi d'abord.

Quand il ne peut faire autrement, José répond. « Très bien, maman. » « Non, pas vraiment. » « J'y travaille, papa. » Les questions glissent sur lui comme l'eau sur un canard en plastique. Au fil des ans, les parents sont ainsi dressés pour répondre eux-mêmes, souvent dans la même phrase, à leurs inquiétudes bien légitimes.

– Et que devient Cécile ?... C'est une gentille fille, très courtoise.

– Tu ne vas pas chez Free ?... Pour nous, à Montargis, la couverture géographique est essentielle, alors on préfère attendre. Quand ça captera cinq bâtons près du gros mur, alors on en reparle.

« On ne change pas un cheval qui gagne » est le pilier de la philosophie Toeffler. Tout est continuité, raison sage, attente avisée. Ce que l'on préfère dans la vie c'est ramer tranquillement dans la bonne direction.

Ç'en est parfois tellement pesant, que, pour se réveiller et se sentir en vie, José délaisse sa prudence d'Indien et se laisse embarquer dans une conversation.

– Tu as reçu ma petite liste ? demande maman.

– Oui, merci beaucoup, mais je ne compte pas envoyer ma candidature.

– Pourquoi ? s'offusque papa. Maman a passé beaucoup de temps à vérifier les adresses, les noms des responsables. Ce sont toutes des entreprises qui recrutent.

– Elles ont vécu des années sans moi, et moi sans elles, on peut encore continuer ainsi pendant trois siècles, explique José. Si je ne les rejoins pas, elles trouveront quelqu'un d'autre, les talents, ce n'est pas ce qui manque dans notre pays.

– Ce serait pourtant l'occasion d'avoir un peu de stabilité, plaide papa. Et un bon salaire. Non, vraiment, on ne te comprend pas. Avec tes diplômes.

– Plom-plom. Tu oublies que j'ai déjà donné, avec les résultats que l'on sait…

– Ah ça, la patience et toi ! coupe maman.

– Je ne suis pas fait pour être salarié.

– Ne dis pas de bêtises, tout le monde est fait pour être salarié, dit papa avec l'assurance tranquille de celui qui connaît les tenants et les aboutissants.

Agacé par ce culte du salariat qu'il ne partage pas, José ne manque pas alors de réciter une liste interminable de professions dont ses parents ne pourraient se passer, les commerçants, artisans, professions libérales qui contribuent à la vie pépère de Montargis, allant de la boulangerie Mollat au pharmacien, au notaire.

– Pas des salariés, que je sache.

– L'infrastructure, dit papa avec condescendance.

– Notaire, c'est bien, notaire, dit maman.

– La question ne se pose pas, dit José. Je n'ai pas les compétences – sens du macchabée, du contact roublard, du pull en V sur chemise bleuâtre qu'on achète dans une boutique de province tenue par une vieille fille.

– Ça, nous sommes d'accord, s'amuse papa. Mais je ne comprends pas pourquoi tu ne vises pas plus haut. Il y a une différence colossale entre les professions statiques que tu viens de citer et les profils dynamiques. Ingénieur, ingénieur commercial, commercial tout court. Il y a des carrières à l'international… Singapour ! New Delhi !

Il lève son bras en direction de la fenêtre ensoleillée, censée symboliser l'ouverture vers de grands espaces à conquérir. On aperçoit un vieux banc en fonte où José et sa sœur ont joué tant de fois. Le magnolia n'a pas bougé. Le labrador dort près du canapé. Son léger ronflement, rassurant et complice, est ce bruit que produit la Terre quand elle tourne.

– Responsable des achats dans une grosse boîte… poursuit papa. Directeur informatique…

– J'ai de l'ambition, moi, finit par dire José. Je ne peux pas être un rouage.

Il fait attention à l'expression de son visage, ni agressive ni trop maligne : il n'a pas envie de blesser cet enseignant de SVT qui attend la retraite au collège François-Truffaut.

– Ambition, ambition ! râle papa. Tu fais ce que tu veux. Un grand garçon comme toi, qui a déjà de la barbe. D'où tu la tiens, d'ailleurs, avec ces bouclettes blondes, nous qui sommes tous bruns de père en fils ?

Il en attrape quelques poils entre le pouce et l'index. Il est perplexe. Qui lui a donné un énergumène pareil ?

José frissonne du torse comme on secoue un mauvais rêve.

Vingt-cinq euros

Quand il revint à lui, José était toujours penché au-dessus d'un dessin de géométrie, qu'il fixait sans voir – c'était réciproque. Bruno se tenait debout près de la fenêtre, il avait l'air de rêvasser en regardant le ciel noir. Un peu au hasard, ils avaient réussi à tracer quelques droites, mais le point D se faisait toujours attendre. Il y avait apparemment plusieurs solutions possibles. Dans la vraie vie, c'est souvent le cas.

– Il vaut mieux avoir le choix que zéro flexibilité, argumenta José, tout en sentant bien la faiblesse de sa position.

– On a de la chance, répéta Bruno. Il n'y a pas de nuages. Pour une soirée de la fin novembre…

Il avait l'air ailleurs, ce qui arrangeait José, en un sens.

– Ah, il n'est pas loin, ce point D, dit José. À un ou deux centimètres près, on a localisé la zone.

Il remarqua alors une étrange gymnastique. Bruno avait ouvert à deux mains la poche de son pantalon, et, tout en la maintenant grande ouverte, s'était penché vers la fenêtre dans un curieux équilibre. Il resta ainsi un moment, en bougeant légèrement, ajustant sa position.

« Mais qu'est-ce qu'il fout ? pensa José. Il est peut-être épileptique. Ce ne serait pas de refus, on ferait moins attention à moi. C'est peut-être le moment de quitter le navire ? »

À sa montre, il avait dépassé l'heure de cinq grosses minutes.

– Bon, je crois qu'on a pas mal déblayé, dit José. Il ne reste plus qu'à compléter.

Il posa doucement le crayon de façon à masquer le trou béant au milieu du schéma, à l'emplacement approximatif du point D.

– Attends un peu, dit Bruno. Je ne peux pas bouger.

Il tenait toujours sa poche ouverte.

– Excuse-moi, ajouta-t-il. Il faut que la lumière de lune ait le temps d'entrer.

Dehors, au ras de la crête sombre des maisons d'en face, José remarqua un mince croissant ne donnant pas beaucoup de lumière.

– C'est une lune nouvelle, expliqua Bruno. J'avais déjà raté celle d'octobre, je ne peux me permettre de rater novembre.

José patienta.

– Je crois que c'est bon, dit enfin Bruno. Quand elle touche le fond de la poche droite, ça porte chance. L'argent vient aux poches éclairées.

Il s'assit, satisfait, et demanda :

– Et toi, tu fais quoi pour avoir de la chance ?

José songea à la dernière fois où il avait senti un souffle inexpliqué dans sa vie.

– Il m'arrive parfois de regarder du lapis-lazuli, improvisa-t-il. Je ne sais pas encore si ça me donne de la chance et dans quel domaine, mais il y a parfois des incrustations de malachite, des crevasses étonnantes et chargées d'un je-ne-sais-quoi qui te bouleverse. On peut passer beaucoup de temps à regarder ce bleu, tellement il donne l'impression d'en savoir plus que toi.

– Ah oui ? s'étonna Bruno. Je n'ai jamais essayé. Je me demande si ça marche vraiment ou si c'est juste une superstition. Cela dit, si tu sens que la pierre te parle, il ne faut pas te priver d'en faire un porte-clés ou de la suspendre au-dessus de l'étable. Mais pour l'argent, c'est prouvé, rien ne remplace la lumière de lune.

Il expliqua que tout ce qu'on voyait de sympathique dans sa chambre, les écrans plats, les posters aux murs et la peau d'okapi sur le lit, toutes ces merveilles furent achetées avec son propre argent, qu'il gagnait facilement à l'aide de la lumière de lune (et du piratage, pensa José en louchant du côté de la console).

– Comment crois-tu que je me suis payé une tablette customisée *pixel art* ? demanda Bruno.

– Bravo, dit simplement José.

Bruno avait raison, l'ambition n'était pas le seul moteur du monde. Il fallait aussi un peu de chance. Trouver le bon lot de fèves, au bon moment. Tomber sur Pythagore au lieu de Thalès.

Comme ils sortaient, les parents Bruno vinrent les cueillir dans le living. Le père tendit une enveloppe. José la prit rapidement. Ses yeux cherchèrent le couloir de sortie.

– Alors, comment ça s'est passé ? demanda le père en plaçant sa voix sur le mode de la confidentialité.

Il faisait partie de cette catégorie de parents, sans doute la majorité, qui font davantage confiance à un inconnu pédagogiquement consacré mais jamais croisé auparavant, plutôt qu'à leur propre enfant qu'ils connaissent par cœur mais dont ils ont déjà commencé à perdre les ficelles.

José sut immédiatement ce qu'on attendait de lui :

– Bruno est un garçon très intelligent, largement au-dessus de la moyenne. (Il ne mentait même pas.) Cependant ses cours sont un peu dans le désordre et je me demande s'il n'y a pas une nouvelle méthodologie d'enseignement, un peu bancale, à l'œuvre derrière ce laisser-aller.

Le père s'illumina :

– Tu vois, Martine, c'est exactement ce que je te disais ! Sa prof est nulle, tout le monde le sait, mais personne n'ose la virer.

Suivit une tirade sur le corporatisme, la bureaucratie rampante, le je-m'en-foutisme des fonctionnaires.

– Je n'accuse personne, dit José prudemment. Mais il y a tout de même des questions qui se posent.

Le père buvait de l'ambroisie. Sa colonne vertébrale se redressait pour en faire, à cet instant, un hominidé supérieur.

Voyant qu'on le comprenait au-delà de ses espérances, José enchaîna :

– Ce n'est pas une raison pour capituler, et nous ne capitulerons pas. Ensemble, nous avons repris les cours, pour ainsi dire à zéro, et avons progressé dans ce théorème de Thalès un peu surfait, mais bon, il faut se plier au programme.

On a rarement entendu déclaration plus sincère, plus honnête.

Il roucoula encore un peu, sans trop oser regarder Bruno, qui, silencieux, se balançait, le dos calé au branlant de la porte.

– Les grandes écoles n'ont qu'à bien se tenir, hein, fiston ! pérora le père.

Il est des situations où il ne faut pas s'éterniser. José fit trois pas dans le couloir.

– On se dit donc à la semaine prochaine ? demanda-t-il sans oser y croire.

– J'y compte bien, dit Bruno.

– Vous nous raconterez comment c'est l'ENPS, dit la mère, toute miel. Puis, sur le pas de porte, elle y ajouta des étoiles : Si vous n'y voyez pas d'inconvénient, on parlera de vous dans nos relations. Ce n'est pas facile de trouver un professeur disponible et à l'écoute.

José fut presque déçu. Aucune résistance, aucun bémol. La facilité avec laquelle il avait réussi à soutirer de l'argent à cette famille de marteaux sans rien donner en échange, contrastait avec les efforts de rhinocéros qu'il fallait déployer pour survivre dans les débrouilles habituelles.

Dans la rue, il ouvrit l'enveloppe. Un billet de vingt, un billet de cinq. Lui qui gagnait dix euros de l'heure à la boutique ! Une des connaissances de Boris, en maîtrise de biologie moléculaire et strip-teaseuse dans un gentil cabaret, travaillant de nuit après 22 heures, touchait douze euros nets de l'heure, en CDD cependant, avec tout ce que ce contrat comporte d'avantages sociaux.

On comprenait pourquoi Jean-Jules n'avait pas de problèmes pour régler le loyer. Quatre heures par semaine suffisaient. Il y avait certes les vacances scolaires et le grand désert de l'été où les revenus tombent à zéro. Mais il n'était pas dit qu'il devait se contenter de quatre heures. Il ne faisait ni aviron, ni basket, ni théâtre, il pouvait facilement améliorer les rendements.

L'un dans l'autre, il s'en sortirait bien. Pour un investissement en temps, somme toute, ridicule. « Et en plus, ça me fera faire des révisions. »

Ce fut ainsi que José reprit l'initiative et que de nouvelles perspectives s'allumèrent devant lui, soufflant un vent d'optimisme dans ses jeunes ligaments. Une lune nouvelle aurait tapissé sa poche qu'il n'aurait pas été plus pimpant.

Un son creux

Cécile n'eut pas le temps de savoir comment s'appelait le jeune homme intéressant qu'elle avait croisé au vernissage. Une vieille grue refaite des lèvres et puant la cigarette s'immisça dans leur conversation, et, avec de grands éclats de rire surjoués, parvint à distraire le bellâtre. Cécile ne put qu'admirer la technique avec laquelle sa rivale appuyait le compliment, posait les bonnes questions idiotes et pelotait l'avant-bras de sa proie, se frottant littéralement contre la veste destroy. Malgré un cou tout en tranchées – datant de la Première Guerre mondiale (pensa Cécile) –, malgré de petits yeux perdus au fond des plis et chargés de mascara comme les rochers de Plymouth sont chargés de guano, Cécile fut en mauvaise posture en moins de temps qu'il n'en faut pour réciter la liste des expositions courues du moment.

Le rapt se passa très vite. Cécile voulut se renseigner sur le prix d'un catalogue, elle se fraya le chemin vers le bureau, elle obtint l'information et revint sur ses pas pour constater que l'objet de sa convoitise avait disparu.

« Elle avait vingt ans de plus que lui ! » Cécile n'en revenait pas.

Elle ne savait pas encore que nombreux sont les cas où l'expérience, affûtée par le désir, triomphe de la jeunesse. Et c'est tant mieux, serait-on tenté de dire, tant est grand notre appétit d'équité. S'accumulent les livres sur les étagères et les grammes de vie sur la ceinture abdominale, coincent les hernies et les divorces, mais se perfectionnent les techniques de harponnage, se calfeutrent les défauts physiques, se déguisent les insuffisances intellectuelles dans le brio des années thésaurisées.

La semaine suivante eut lieu une curieuse occasion pour elle de vivre une expérience presque symétrique.

Elle rentrait des données dans le fichier client. Un type poussa la porte de la galerie. Ni jeune ni vieux, mince et bien huilé, un costume qui avait de l'allure, des demi-lunes et un catalogue sous le bras. Il examina chaque image et plongea dans la biographie plastifiée du photographe, que Cécile tenait à disposition.

« Plutôt vieux, tout de même », pensa-t-elle quand il se rapprocha et qu'elle découvrit une élégante calvitie tout en longueur, un cartable en cuir passé de mode, un bas du visage assez lourd et tombant, des dents usées : le type souriait.

Deux photos assez chères l'intéressaient. Il désirait en savoir plus, la date des tirages et leur nombre. Combien d'épreuves d'artiste ? Quelles garanties ? Voyant que c'était sérieux, Cécile appela Mme Roos qui traita l'affaire au téléphone, en cinq minutes. Une fois rassuré, le client ne marchanda pas et prit les deux, signe évident de distinction.

Il était large d'épaules, à moins que ce ne fût sa veste. Cécile remarqua ses gestes sûrs, les mains raffinées. On l'aurait bien vu, tous les matins sous une douche froide, faire des frictions et des mouvements de gymnastique, puis, passant une pommade à l'aloès sur sa tige pas encore élimée, s'asseoir en peignoir dans un épais fauteuil club, tandis qu'une chaîne à lampes des années 1970 déroule un enregistrement de Callas.

– J'en prends une pour mon grand garçon. Il se marie le mois prochain.

Il avait une famille, et alors ? Quoi de plus banal à cinquante ans. Surtout qu'il pouvait en avoir soixante – elle en savait quoi, au juste ? Certains chanceux promènent leur âge comme on porte des lauriers. Cécile se surprit à regarder les mains de l'homme : il n'avait pas d'alliance.

Ce qu'il avait, en revanche, c'était une carte de crédit aux motifs dorés où dansaient des hologrammes. Cécile s'appliqua à imprimer la facture. Sans être mirobolante, la somme montrait une aisance de vieille bourgeoisie enracinée. Les œuvres resteraient accrochées jusqu'à la fin de l'exposition, marquées d'une pastille rouge, puis seraient expédiées à deux adresses différentes, une à Paris, chez le client, l'autre à Londres, chez le fils.

Pendant qu'elle remplissait la paperasserie, Cécile sentit le regard du client, comme un petit fer à repasser tiède, circulant le long de sa silhouette. Ce n'était pas désagréable. On ne la déshabillait pas, non, on l'admirait.

– Vous manipulez ma carte divinement, si je peux me permettre. Une grâce naturelle. Bravo, mademoiselle.

C'était dit avec une intonation tellement sincère, un port de tête tellement simple, que ce qui aurait pu passer pour une attaque maladroite se transforma en un pas de danse piquant, une broderie d'élégance. Elle regretta confusément de n'avoir pas mis son chemisier beige à incrustations, qui lui allait certainement mieux que ce tailleur cintré, très sage.

Flattée mais pas intimidée, elle se tint plus droite qu'à l'accoutumée, et se permit quelques remarques souriantes sur les expositions passées et à venir. Le client, lui, semblait sous le charme de la moindre bêtise, il choyait du regard la carte postale de Pise que Cécile avait plantée sur son bureau, même la plante qui poussait paisiblement dans son pot eut droit à une attention soutenue. Visiblement, il n'avait pas envie de partir.

Le fichier de la galerie demandait aussi à être complété. On l'entreprit, ce qui se traduisit logiquement par une discussion sur l'orthographe, compliquée, de ce baratineur. Son nom de famille comportait deux *h* et un *ei* que l'on prononçait *é*. Il s'ensuivit de charmantes confusions.

Cécile ne bombardait pas sa cible avec des regards papillonnants et ne passait pas sa main dans les cheveux, elle n'affichait aucun des signes de la disponibilité standard. Son langage corporel se voulait strictement professionnel, tout en étant ouvert et amical. Pourtant le client se pencha au-dessus de l'ordinateur :

– Je vous remercie de votre feu vert, mademoiselle.

Elle leva un sourcil – signe amusé de feinte incompréhension.

– Vous me réchauffez le cœur par votre autorisation à poursuivre la cour. C'est très aimable de votre part et ça m'ouvre des perspectives, disons, séduisantes.

C'était direct et teinté d'une certaine lourdeur machiste fleurant bon le Second Empire. Elle se demanda comment faire semblant de repousser des avances aussi claires, tout en les encourageant de manière implicite, car il était évident que tout cela avait un parfum d'aventure tout à fait excitant.

– Je dois cependant vous refroidir quelque peu, poursuivit le client.

Il se promenait devant les œuvres, s'arrêtait parfois.

– Comprenez-moi bien : il est tout à fait possible et même probable que nous couchions ensemble, c'est une affaire de technique de flirt relativement prévisible – ne le prenez pas mal –, je suis dans la construction : on connaît le résultat de chaque chantier d'avance, à peu de chose près, ainsi que les étapes pour y parvenir. Si vous me permettez la comparaison, l'immeuble sera là où on l'avait planifié, tôt ou tard.

Il tapota le mur.

– Même si le son est poreux, on finira par y accrocher la photo, vous voyez ? Il y a des techniques, des astuces. Ce n'est pas de la fatuité que de dire cela. (Il sourit un peu tristement.) Je saisis parfaitement les étapes de nos séductions mutuelles – de mon côté, la parade se traduirait par un piano-bar où je vous inviterais, un restaurant où l'on aurait une discussion enflammée sur les grands photographes, dont je pourrais vous montrer une collection plus que conséquente chez moi, à domicile, et des tirages d'époque, n'est-ce pas, Rodtchenko, Man Ray, Avedon –, puis viendra la rage mécanique que nous éprouverons au lit – c'est drôle, tout le monde vit la même banalité tout en croyant être dans l'exception, n'y avez-vous jamais pensé, mademoiselle? –, peut-être même le referions-nous demain, peut-être même deux ou trois fois par semaine dans les mois qui viennent, comme le commande toute passion naissante. Voyez où ça nous mène?...

C'était dit d'un ton doux mais ferme. Il revint vers elle, avec une mine désolée, comme si on avait voulu lui vendre un appartement avec un vice caché.

– Voyez, il y a un fossé entre nous, presque une barrière ADN. J'ai des besoins de chasseur-cueilleur nomade, et vous, je suis désolé de vous l'apprendre ainsi, vous êtes irrémédiablement attachée à votre lopin de propriété. On le voit à votre manière de décorer votre bureau. Cette carte postale de Pise, hmm?... Ce ficus baobab nain... Dans quelques années, si la patronne vous y autorise, vous mettrez la photo de votre petit dernier, ici, dans un cadre en aluminium brossé. Et un papillon Goliath Titan, ramené de Papouasie. Ça ne peut pas coller entre nous. On irait vers de grandes déceptions. Vous n'y pouvez rien. C'est d'autant plus regrettable que vous êtes très jolie.

Il parlait sans agressivité, d'une voix monocorde, on aurait dit qu'il faisait une visite guidée de quelque monument et qu'il déclamait des vérités évidentes et admises par le bon goût, le droit, le consensus social.

Puis, glissant la facture dans son cartable, il salua aimablement et sortit, ne laissant derrière lui que vide et désolation.

« Va te faire exploser, betterave, gronda Cécile dans le dos du goujat quand elle eut retrouvé la force de penser. Non, mais il se prend pour qui, le chasseur-cueilleur ! Tu t'es vu, face de truelle ? »

L'accumulation de vapeur dans la casserole commençait à faire tinter le couvercle. Il y eut ainsi quelques larmes. Et une pénible soirée en solitaire avec Arte, à se demander ce qu'elle avait fait au bon Dieu pour tomber sur un con aussi raffiné.

La plume bleue

Des larmes, la jeune U en versa beaucoup, en son temps.

Tout a commencé avec la disparition de Tip. C'était un brave chien, affectueux et intelligent. Venant d'une lignée robuste, il ne craignait pas les ronces et se fichait de la pluie. À l'époque, le peuple des Pierres percées se déplaçait beaucoup, et avoir un chien comme Tip, bon nageur et excellent en orientation, était une aide considérable.

U avait dans les seize ans. Le chien Tip lui avait été offert en cadeau de fiançailles par un joli cœur du nom de Chmp, un des chasseurs les plus populaires de la région, dont l'étonnante barbe claire, tressée en d'innombrables petites queues-de-rat, faisait sensation. Aussi bien bâti que son chien, Chmp collectionnait les amourettes, il parlait bien, était habile au lancer du javelot et se débrouillait toujours pour paraître de bon entrain. Quand on le regardait marcher sur ses jambes fines et élastiques, quand il grimpait d'un seul bras au peuplier avec nonchalance, on se disait qu'elle avait bien de la chance, cette jeune U, d'avoir mis la main sur un bonhomme vigoureux, astucieux au pistage et déterminé à la chasse, jamais découragé en rien, toujours confiant dans la protection bienveillante du grand Glmsh, dont l'esprit soutient l'extrémité de tous les chemins terrestres. Personne ne courait aussi vite!

Ils n'avaient pas encore d'enfant, U attendait la cérémonie de l'été pour s'y mettre, dès lors que les indispensables rites initiatiques auraient été accomplis. De son côté, Chmp n'avait pas vraiment son mot à dire.

Obéissant à la tradition alors en vogue dans la communauté, ils avaient guetté les trois cris du busard, annonciateurs de la fin prochaine de la saison froide, pour prendre leurs affaires et partir en voyage d'exploration en direction du lointain Lointain, cherchant à découvrir les chemins fertiles que toute la tribu pourrait emprunter en été. U portait les sacs, qui n'étaient pas bien lourds, hélas : ils commençaient à manquer. Chmp s'occupait des armes et des outils. Il marchait devant en repérant les fientes séchées des aurochs.

Après plusieurs semaines de malchance et de ventre creux, comme il avait beaucoup plu et qu'ils peinaient à rattraper le moindre troupeau, U s'aperçut que le chien ne courait plus autour d'eux.

– Tip !... Tip !...

Pas de réponse.

Ils marchèrent encore. « On le retrouvera », pensait U. Après plusieurs jours d'errance, le chien Tip finissait toujours par revenir, puant et fautif, le museau barbouillé d'entrailles de quelque rat musqué.

La nuit approchait. Il fallait se mettre à l'abri. Chmp vit un arbre trapu, facile à escalader. Ils montèrent leurs affaires. Avec quelques vieilles fougères de l'été passé, U construisit une sorte de couche. L'installation n'était pas des plus heureuses et un sac tomba.

– Je déteste ce genre d'arbres, dit U, vexée.

Il faisait presque nuit maintenant et il n'était pas question de descendre. On entendait des hurlements tout proches. Chmp se dit que c'était un bon signe malgré tout, les loups chassaient aussi les troupeaux de viande et indiquaient, par leur présence, la piste à suivre.

– Avec tous ces loups, le chien Tip n'a aucune chance, pleurnicha U, avant de s'endormir.

Le matin, sec et ensoleillé, cria dans les fougères. Ils se réveillèrent reposés mais soucieux et fébriles. Un trou béant s'était creusé dans leurs ventres.

En descendant de l'arbre, ils virent que leur sac avait été mis en pièces. Un des voleurs avait eu l'idée d'uriner sur ce qu'il en restait, sans doute pour éloigner ses congénères ou pour attirer une femelle. Ils n'avaient donc plus de viande séchée, plus d'herbes rares, plus de noisettes, plus de vieilles figues. L'amas de ficelle, qu'U avait tressée pendant les jours d'hiver, sentait l'abomination.

– Je déteste ces voyages du printemps qui font mal aux jambes et n'apportent rien de bon ! enragea-t-elle.

– Arrête, sourit Chmp. Ça te fait un sac de moins à porter. On pourra se déplacer plus vite, et, dans quelques jours, nous aurons rattrapé un troupeau.

Comment faisait-il pour être aussi infantile, se demanda U. Aucune responsabilité, aucun désir d'améliorer son quotidien, mais toujours cette envie de vagabonder quand arrivent les beaux jours. Les gens comme Chmp mourront comme ils sont nés, sans rien dans les poches, et leur descendance sera toujours aussi pauvre, de génération en génération, vivant jusqu'à la nuit des temps dans la disette et la peur du loup.

Pendant qu'elle faisait du feu, Chmp lança un petit javelot et ramena un ravissant oiseau de toutes les couleurs.

– Ça se mange ? demanda U, méfiante.

Si le chien Tip avait été là, on lui aurait fait goûter un morceau, comme on le faisait souvent avec les mets inconnus.

– C'est de la viande, dit simplement Chmp. Aucun animal ne peut survivre s'il a du poison dans le corps, et je ne mange pas les serpents.

Il avait déplumé l'oiseau, qui semblait maintenant minuscule. Ils le firent tourner au-dessus du feu, où il se rapetissa davantage.

La jeune U partagea leur pitance en se gardant, comme il était d'usage, le plus grand morceau. En trois bouchées, le petit déjeuner était anéanti.

– C'est nettement moins bon qu'hier, remarqua-t-elle.

Ainsi pensait-elle faire comprendre à son compagnon quels animaux il fallait chasser en priorité.

Pendant ce temps, Chmp assemblait un magnifique collier de plumes.

– Tiens, c'est pour toi, dit-il tout joyeux. Et s'il ne te plaît pas, tu pourras toujours l'échanger auprès du conseil. Aoa te donnera un droit de préséance, et tu pourras choisir les meilleurs abats au retour de la prochaine chasse.

Il restait une petite plume bleue qu'il planta dans sa barbe.

– On n'y est pas encore, au conseil, soupira U. En attendant, ton bazar me chatouille la poitrine, sans parler du risque de l'abîmer dans les innombrables jours que nous aurons à traîner en forêt.

D'autres jeunes filles auraient été ravies de recevoir un tel présent, tout en délicatesse et habilement réalisé, mais U n'y voyait que la marque du hâbleur et, globalement, une perte de temps, alors qu'ils n'étaient qu'au début de leur long voyage.

– En plus, partis comme on est, on risque de rater la cérémonie de l'été, se plaignit-elle. On ne rentrera jamais à temps ! Je ne verrai pas le crâne sacré de Pcss et personne ne me fera faire le rite d'initiation.

Comme tous les hommes de la communauté, Chmp pensait qu'il n'y avait pas besoin de formule magique pour faire ce qu'ils faisaient allègrement tous les jours, mais il le garda pour lui. Il dit simplement :

– Le chant de l'été est une tradition immuable, et nous serons de retour pour le célébrer, comme il se doit. Et si nous avons quelques jours de retard, le monde ne va pas être mangé par les loups. Le conseil n'est pas aussi rigide que tu le crois. On l'a vu faire des exceptions dans le passé, il en fera dans le futur. Le conseil sait bien qu'il y a des jours où l'on reçoit la chance de Glmsh et d'autres où tout marche de travers.

En disant cela, Chmp tripotait la petite plume bleue. Il était content car porter du bleu était une marque d'attention divine. Où trouver du bleu dans la nature sinon dans le ciel ? Et peut-on se l'approprier pour autant ? Toutes les personnes importantes de la communauté, à commencer par Aoa et les matrones, avaient un petit caillou bleu accroché à leurs vêtements ou monté en bijou.

– La chance, ça se mérite, remarqua-t-il finalement. Et si l'on reste les jambes croisées, on mourra de faim.

Ils reprirent leur marche.

La plume bleue se mit à fonctionner comme Chmp l'avait prévu, car dans les heures qui suivirent, avant même que le soleil ne fût à la verticale, ils avaient rejoint le bord d'une rivière. Chmp lança son filet un peu au hasard et attrapa deux bêtes, qu'ils mangèrent aussitôt.

– On pourrait en prendre d'autres, pour plus tard, suggéra U.

Chmp était contre.

– Le poisson est l'être vivant le plus instable. Tu ne pourrais pas l'emporter. Par le temps qu'il fait, même si on le fait cuire, il se mettra à sentir mauvais au bout de deux jours. On ne pourrait le manger et son odeur attirerait sur nous tous les mauvais esprits de la forêt.

– Alors on n'a qu'à rester là, dit U. On mange à satiété, et le reste du temps on s'amuse avec ta trompe de mammouth.

C'était flatteur et tentant, d'autant que l'espiègle U avait accompagné sa proposition d'un regard parfaitement calibré. Mais Chmp regarda le soleil qui commençait à se coucher et dit qu'ils devraient se dépêcher. Les aurochs étaient sûrement de l'autre côté de la grande colline qu'ils voyaient au bout de son doigt.

– Non, dit U. Je ne bouge pas. Le coin est un paradis. On va y camper le temps qu'il faudra. On prendra ce noisetier.

À l'évidence, ce n'était pas un bon endroit pour dormir : l'arbre était branlant, laissant le passage au vent, et la rivière donnait trop d'humidité. Même la jeune U, du haut de ses seize ans, avait suffisamment d'expérience pour s'en rendre compte. Sa mauvaise humeur cependant compliquait les choses.

Alors Chmp posa son barda et discuta. Il rappela son âge, ses faits d'armes passés. Il dit que jamais de mémoire d'homme la grande chasse du printemps ne s'était terminée avec les pieds en feuille de lotus, au bord d'une rivière. Il rappela les devoirs qu'ils avaient envers la communauté. Trouver des chemins. Ramener de la viande. En la découpant en fines tranches quand on la fait sécher au soleil, en la couvrant de feuilles de laurier et de poudre blanche dont il avait emporté un petit cube, elle se conserve parfaitement, à condition de la garder au sec, loin du sol.

– Je sais, faire les courses est toujours pénible, disait-il. Si l'on pouvait s'en passer, je serais le premier à les éviter. Mais c'est une attitude égoïste. De quoi aurait-on l'air si l'on rentrait les mains vides ?

– Tous ceux qui ne partent pas, parce qu'ils ont des enfants ou qu'ils sont vieux, rentrent aussi les mains vides, par définition, raisonna U. Ça ne les empêche pas d'être utiles, là-bas, au campement. Ce n'est pas le travail qui manque. D'ailleurs il n'y a pas que les impotents qui restent. Dans la famille Aoa, ils ont adopté trois capras et ils comptent en tirer de la viande sans perdre leur temps à parcourir l'infini.

La vérité était que Chmp n'avait aucune envie de rester sur place au printemps. Son corps réclamait de l'exercice. Et il n'était pas le seul : la moitié de la communauté dansait, chantait, courait dans tous les sens dès que fleurissaient les cerisiers. U devait être une cérébrale pour ne pas le sentir ! Sans oublier que la tête aussi avait besoin de s'aérer. Voir des plantes nouvelles, des animaux, courir, escalader, attraper et combattre : l'homme avait été créé pour s'extasier. Quel plaisir pouvait-on éprouver à voir toujours les six mêmes chênes, immuables poteaux de notre enfance, plantés au bord du lac vert où l'on revenait au début de la froide saison ?

– Il n'y a pas que la viande, résuma-t-il. Il est indispensable d'explorer autour de nous si l'on veut éviter les drames. Car on ne vit pas dans un monde fait de plumes bleues. Imagine qu'une horde de loups, avec des centaines de bêtes, nous attaque, ou pire, les géants du Nord, comme cela s'est déjà produit, avec les conséquences que l'on sait. Il faut savoir où aller en cas de nécessité. Dans quelles forêts trouver refuge, vers quelles montagnes emporter nos enfants. Les voyages du printemps donnent des perspectives. Sans oublier que c'est ainsi que l'on a une chance de tomber sur la Pierre percée originelle, la pierre de Glmsh, celle dont la perte a provoqué tous les malheurs de l'univers, comme tu le sais.

Plus Chmp parlait, moins la jeune U était convaincue. Une idée lui était venue.

– Tu admets que tu as peur des loups, dit-elle. Alors il faut arrêter de vagabonder dans les forêts et consolider le campement. Toute cette entreprise de voyage est un risque inutile. C'est en montant des palissades autour de nos arbres, d'une part, et en bâtissant des lieux sacrés, d'autre part, que nous arrêterons de craindre les loups et que les esprits des hommes d'avant nous conseilleront efficacement. Je leur fais confiance. On rentre.

Chmp se demanda qui lui avait mis ces idées en tête.

Il prit ses affaires :

– Je sais que j'agis contre la loi de la nature et de la communauté qui m'a fait ton serviteur car tu es Beauté et Procréation, je sais aussi que j'offense tes mamelles qui nourrissent les nouveau-nés comme le noisetier nourrit nos ventres. Tu peux rentrer si tu le souhaites et rapporter ma désobéissance au conseil, qui prendra les sanctions appropriées dès mon retour. Moi, je continue.

Il avait de l'allure, Chmp, quand il se tenait ainsi, bravant l'autorité, dos au coucher du soleil. Encore une fois, U ne put retenir ses larmes. Elle ne voulait pas le laisser partir, elle ne pouvait pas – elle tenait à lui, finalement, malgré son côté puéril. L'idée de rentrer seule, pendant des jours, dans ces immenses forêts, la faisait paniquer.

– Si Tip avait été là, avec moi, tu ne m'aurais plus revue, parvint-elle à gronder comme un orage qui s'éloigne.

– Mais il est là, Tip, dit soudain Chmp. Il *est* avec nous, il *est* avec toi. Dans ton ventre. C'est lui que j'ai fait frire il y a deux jours. (Il fit une pause dans les grands yeux d'U.) Comme je n'avais rien attrapé et que l'on ne pouvait entièrement rester sans réserves, je n'avais pas le choix. Ce fut une décision difficile mais appropriée à la situation, je crois. Rappelle-toi comme tu avais apprécié le repas, les forces que l'on a reçues en mangeant.

Voyant que la jeune U, en état de choc, ne criait pas, Chmp poursuivit.

– Il est vrai que cette année, le printemps a été particulièrement farouche. Les bêtes sont méfiantes. Ça leur passera quand l'été aura chauffé leur indolence, elles se laisseront attraper plus facilement, tu verras. En attendant, Tip était la seule solution. La bonne nouvelle, ce n'est pas seulement que ce brave chien nous a nourris. Maintenant nous avons en nous l'instinct de Tip, sa résistance, son esprit, son envie d'aller de l'avant. Je vais te dire un secret. Le chien Tip aurait aimé que nous poursuivions ce voyage. Il me l'a dit. Tu sais bien que les restes d'auroch étaient ce qu'il aimait le plus au monde. Alors on se lève, on se secoue, et on va les chercher. Et moi, je vais te chanter la complainte de Tip.

À n'en pas douter, il était beau parleur. La déception d'U se mua en fatalisme, puis en une forme d'espoir : Chmp trouva un passage pratique pour traverser la rivière, et dès qu'ils furent de l'autre côté, il se débrouilla pour tirer une oie sauvage, belle et grasse, comme on n'en voyait plus dans leur pays depuis des années. Ce succès donna un peu de crédibilité à ses paroles. La douce chanson, que Chmp accompagna de claquements de doigts inattendus, fit le reste : le soir venu, ils se couchèrent enlacés, en susurrant des bêtises.

Puis, quand vint le temps de la détente précédant de peu le sommeil, Chmp bâilla et dit :

– Tu sais, des mammouths, j'en ai jamais vu, et mon père non plus, ni le père de mon père. Je crois que c'est une légende.

Le protocole LDPM

Le disque dur Mammouth HD 520 Go refusait de marcher. Voilà une semaine que le client l'avait laissé à la boutique, il allait bientôt venir le chercher, il avait déjà appelé deux fois, il s'inquiétait. Toutes les données de sa petite entreprise de plomberie, toute sa comptabilité et ses contacts clients y étaient entreposés, dans les bourrelets des pistes magnétiques. Et il n'avait pas fait de sauvegarde, bien entendu.

José avait dit au patron qu'il n'y connaissait rien en disques durs.

– Eh bien ce sera l'occasion d'apprendre. On est là pour dépanner. Sinon, si l'on ne sait rien faire, à quoi bon avoir une boutique ? Tu n'as qu'à regarder sur internet. Tiens, j'ai un début de soluce : enclenche le protocole LDPM.

Et sans donner plus d'explications, le patron prit son jeudi sous le bras et s'envola pour un long week-end.

José étudia le devis salé qu'ils avaient improvisé à la gueule du client. À ce prix-là, on pouvait acheter cinq disques durs absolument neufs, et de capacité plus grande. Mais sans les données, évidemment, sans la comptabilité, ni les coordonnées de la maîtresse que le client cachait probablement dans le dossier « Travail compliqué & urgent ». Une existence numérique était sur le point de disparaître.

José songea au destin de l'Atlantide et vérifia, à tout hasard, que ce n'était pas un problème logiciel. Il regarda la propreté des connecteurs. Puis il se souvint qu'il devait revoir les factorisations car il avait son deuxième cours chez Bruno le soir même. Tant pis, il improviserait comme la dernière fois – ce n'était pas attraper Usain Bolt, les factorisations. Il revint au disque dur, qu'il tapota doucement.

La diode s'allumait, et, si l'on y pressait l'oreille, on entendait comme une velléité de travail, un début de ronronnement qui s'éteignait progressivement, le moteur refusant de s'enclencher.

Il se mit sur internet à la recherche du protocole LDPM. Il y eut un geyser de réponses absolument inutiles, dont une « Loi sur les déclarations des personnes morales » et un « LANDesk Patch Manager ». Il explora les méandres de la deuxième solution, sans aboutir à quoi que ce soit de concret.

Le client devait passer en fin de journée.

Il alla sur les forums. On y conseillait de consulter un spécialiste. « C'est de moi qu'ils parlent », songea-t-il en se grattant la cuisse avec un tournevis cruciforme.

La dernière possibilité (risquée) consistait en une opération à cœur ouvert. Il fallait crocheter le disque dur malade, enlever les plateaux magnétiques (sans les toucher), puis prendre un disque dur d'occasion (facile, il en avait), l'ouvrir également, et transplanter délicatement les plateaux d'un boîtier à l'autre (sans faire bouger la tête de lecture ni toucher les plateaux car la moindre tache de graisse ou décharge électrostatique serait fatale). Comme si ce n'était pas déjà suffisamment compliqué, on aurait besoin d'un endroit totalement dépourvu de poussières, une salle blanche, comme on dit, sinon on risquait la panne du plateau ou une lecture erronée.

José jeta un coup d'œil circulaire à l'intérieur du magasin. Des étagères encombrées d'écrans, un carton rempli de claviers, de souris, une caisse d'anciens manuels, et, dans le couloir de la kitchenette réservée au personnel, une bassine en plastique pleine de câbles aux prépuces dorés.

Avec quatre feuilles d'essuie-tout, il assembla une nappe. Ce serait une salle blanche virtuelle.

Il lui vint à l'esprit qu'il s'était embarqué dans une sacrée responsabilité. Ses mains dansaient un peu.

« Il faut que j'y arrive, il faut que j'y arrive, pensait-il en boucle. Et si ça marche, j'ouvre une entreprise de récupération de données. Il y a beaucoup d'argent à se faire. »

En même temps, il se dit que le protocole LDPM ne consistait sûrement pas à ouvrir des engins aussi fragiles avec des mains moites et tremblantes.

Il posa donc le tournevis cruciforme et alla dans la kitchenette où il se fit à manger : un sandwich qu'il avait acheté le matin, près du RER, et un verre d'Orangina avec quelques glaçons qu'il prit au congélateur.

Puis il appela Boris, qui s'y connaissait pas mal en dépannage informatique – ce qu'il aurait dû faire plus tôt.

– Le protocole LDPM, tu connais ?

– Ouaip, rigola l'autre. Lis Donc ce Putain de Manuel. Ou RTFM, en anglais, si tu préfères, *Read The Fucking Manual.*

José mit quelques longs instants à comprendre.

– *Read the fucking manual*, répéta-t-il. Merci.

José avait perdu beaucoup de temps. C'était décevant.

La déception n'était rien à côté du problème qu'il avait sur les bras.

José prit le tournevis. Avant d'attaquer le disque du client, il en ouvrit un d'occasion, et s'aperçut, avec découragement, que la tête de lecture se trouvait juste au-dessus des plateaux magnétiques, dans un enchevêtrement miniaturisé à l'extrême. Comment les sortir, sans les toucher avec les doigts et sans les rayer sur le bras de lecture ? Un véritable traquenard.

Read the fucking manual, pensa-t-il. Un putain de manuel lui permettrait peut-être d'avancer. On y trouve parfois des plans, des tuyaux.

Il chercha sur internet, téléchargea le putain de manuel, parcourut. Rien de bien utile, au premier abord. Dans ce genre de littérature, les consignes de sécurité prennent désormais plus de place que le mode d'emploi lui-même. À l'aide de grands dessins niais, le fabricant japonais du Mammouth expliquait qu'il ne fallait pas plonger son bébé dans l'eau, le jeter en bas d'une table, l'exposer au soleil, y verser des produits corrosifs. Des précautions contre tous les débilismes, toutes les pathologies humaines. Le tout écrit dans un petit-nègre obtenu par un outil de traduction automatique. Et, encadrée en gras, cette sentence : « Un disque dur en chaleur risque de s'endommager. » José se demanda s'il fallait rire ou pleurer.

Il prit le Mammouth. Il était tiède. Ce fut comme une trompette. Le froid intense pouvait marcher. Si la défaillance initiale avait été provoquée par un petit coup de chaleur, la congélation, en comprimant les parties molles en plastique et en durcissant les minuscules ressorts du moteur, pouvait débloquer la charrue.

Il alla dans la kitchenette et plaça le Mammouth au congélateur.

Il patienta une heure, le temps que le froid imbibe la bête.

Il n'avait plus rien à perdre.

Et il gagna. L'âme du Mammouth furetait encore parmi nous, un pied dans l'au-delà, l'autre ici : quand José le brancha à nouveau, des diodes clignotèrent, le moteur embraya, il était vivant !

José se leva d'un bond, monta sur sa chaise et exécuta la danse enragée du triomphe. Dans les étoiles, ses ancêtres du néolithique dansaient avec lui : comment ne pas être ému quand une idée saugrenue se transforme en fusée ?

En se réchauffant, le disque pouvait se coincer à nouveau. José descendit du nuage et fit une copie de sauvegarde.

En fin d'après-midi, le client, angoissé comme un cactus, vint sonner à la porte. José eut alors l'impression d'être un cancérologue qui annonce une bonne nouvelle. Il ne dit rien de sa méthode iconoclaste, au contraire, en bon commerçant, il insista sur les difficultés, loua la dextérité de ses doigts et la précision du tournevis cruciforme.

Plus tard, pendant des années, l'épisode du Mammouth viendra régulièrement illuminer ses meilleurs souvenirs, devenant sa madeleine de Proust et faisant miroiter l'espoir d'un éclair de génie salvateur, ennemi de la mouise et de la médiocrité.

Une ouverture du côté de Saturne

Plus tard dans la soirée, José eut une bonne et une mauvaise surprise.

La mauvaise : ce n'était pas du tout les factorisations qui l'attendaient chez Bruno mais de la trigonométrie.

– Tu avais pourtant dit « factorisations », tenta-t-il de protester, avec le sentiment pénible qu'un Jean-Jules, à sa place, n'aurait eu aucun mal à basculer d'un chapitre à l'autre : vecteurs, probabilités, inéquations ou identités remarquables, tout aurait rebondi avec la même facilité sur sa carapace d'omnivore.

José n'avait jamais aimé la trigo, encore moins que le théorème de Thalès. C'était tellement loin ! Il s'embrouilla, trébucha aux cosinus, s'écroula sur la tangente. Comme la dernière fois, le livre de maths fut une piteuse bouée de sauvetage, et, comme la dernière fois, José pataugea dans les approximations, les mirages et les souvenirs d'outre-tombe. Il avait honte, mais moins que naguère : le métier commençait à rentrer.

Il eut d'emblée quelques bons réflexes.

– Tu connais la méthode LDPM ? demanda-t-il avec aplomb. Je ne sais pas si elle est au programme, mais elle peut nous dépanner.

Il raconta son histoire de disque dur, ce qui amusa Bruno et fit gagner vingt bonnes minutes.

Puis, comme il voyait que Bruno était toujours davantage intéressé pas sa tablette que par les maths, il jugea qu'il n'avait pas à être plus royaliste que le roi, et il osa :

– Il n'y a que moi qui travaille ici. Alors si tu veux que l'on avance sur les problèmes, sors le cours et mets-toi-z'y.

Bruno haussa les épaules :

– C'est toi qui es payé, non ?

– Tu veux progresser ?

– T'es gentil, mais ce n'est pas avec toi que l'on tambourinera le soleil, dit tranquillement Bruno.

José se demanda comment il fallait le prendre, et, à tout hasard, tenta de jouer les offensés, sans trop en faire non plus, car il savait, au fond, que son élève avait raison.

– Nous sommes au début d'un long parcours de mise en confiance, conclut José.

– Je te signale que j'ai dû finir les exercices tout seul, la dernière fois, remarqua Bruno. Alors on se demande à quoi tu sers.

Ils restèrent silencieux quelque temps. José avait posé le bic. Il n'essayait même plus de résoudre ces problèmes qui le ridiculisaient. L'avorton pourri-gâté finissait d'envoyer des textos.

– Ce n'est pas si simple, dit enfin José.

Il n'était pas facile, en effet, de renoncer à ce gagne-pain en avouant son incompétence aux parents de Bruno.

« Pourvu qu'ils ne me demandent pas de rembourser les vingt-cinq euros de la semaine dernière », pensa-t-il. Mais aussitôt après : « Ils ne risquent pas de les revoir. Si l'on en juge d'après les livres qu'ils mettent sur la table basse, ils ne sont pas à vingt-cinq euros près. »

– Je te vois un peu perdu, dit Bruno. Alors je vais te dire comment on va faire. On en a eu des profs avant toi. Tu n'es pas le plus débile de la série. Si, si, tu peux me croire. Tu n'es pas spécialement capable non plus, je te rassure, mais au moins tu es cool. Tu sais parler aux parents. Et à ton menton on voit que tu as de l'ambition, comme moi, et ça, j'apprécie.

José sourit péniblement.

– On va faire équipe, poursuivit Bruno. Tu viens chaque jeudi comme convenu, tu baratines les parents, ils sont soulagés, tu leur donnes l'impression qu'ils *participent*, qu'ils *s'impliquent*, qu'ils sont de *bons parents* en somme, qu'ils n'ont rien à se reprocher. Tu leur parles des grandes écoles d'ingénieur, ça fait rêver les losers.

José songea à Jean-Jules.

– En échange, tu vas me traiter comme un apporteur d'affaires.

José ne comprenait pas.

– Tu vas me reverser dix euros sur chaque cours.

Il est des cas où l'insolence éblouit. Le raisonnement imparable de Bruno souffrait certes de cynisme, mais ne manquait pas d'astuce.

– Et tes résultats scolaires ? demanda platement José, quand il pensa avoir saisi toutes les implications de ce marché. Comment vas-tu faire pour les notes ?

Bruno haussa les épaules.

– On fera porter le chapeau à la prof de maths, dit-il calmement. Papa est suffisamment remonté contre le corps enseignant, ce sera une affaire de jeu de jambes assez basique de notre part. (Il baissa la voix pour passer en mode confidentiel.) D'ailleurs, d'après la Table d'émeraude que je consulte en ce moment, il y a, pour les éclairés de la Lune, des possibilités d'ouverture du côté de Saturne. Avec ça, on ne devrait pas trop se ramasser, il y a fort à parier que mes résultats seront comparables au marécage de la classe, ni plus ni moins. On se maintient, quoi. On ne va pas se mettre à *baisser*, non ?

– Dix euros, répéta José, pensif.

« Si je refuse, ce sera un autre qui acceptera à ma place, songeait-il. Un type qui n'hésitera pas une seconde, étant moins intransigeant sur la morale que moi. Alors autant que ça soit moi. Il me restera quinze euros de l'heure, avec aucune responsabilité, aucune obligation de résultat, franchement, pourquoi s'en priver ? »

– Et si ça fonctionne bien entre nous, dit Bruno, je demanderai pour toi une augmentation.

Vingt minutes plus tard, comme José s'apprêtait à sortir de chez Bruno, après avoir pris un café avec les parents et parlé longuement de l'ENPS – ce qui fut enfantin pour celui qui connaît Jean-Jules –, la mère lui remit sa petite enveloppe et lui dit qu'elle avait décrit ses « qualités exceptionnelles d'écoute » à plusieurs de ses amies, mamans comme elle d'adolescents en stagnation scolaire, qui s'étaient montrées intéressées. Il fallait donc s'attendre à ce qu'on l'appelât.

Et ça, c'était une bonne nouvelle.

Charlie

Parfois la chance se concentre comme un jus. On porte le verre à la bouche, et l'on est brutalement surpris par un goût fort et onctueux, par une sensation de fraîcheur et de plénitude, puis, quand le nectar descend dans nos tubes, s'allume la certitude que l'on se porte mieux, que nos bobos sont calfeutrés. Disons-le autrement. Parfois une loupe invisible accumule la lumière sur un endroit précis, délaissant le reste de l'univers, et chauffe, chauffe, chauffe !

Parmi toutes les boutiques du quartier, la chance avait élu la galerie où travaillait Cécile. Malgré une conjoncture morose et une attaque de nouvelles déprimantes aux informations, la totalité de l'exposition s'était vendue. Que s'était-il passé ?... Un Russe, évidemment.

Un après-midi, après une beuverie remarquable dans un resto étoilé du coin, un propriétaire de mines de bauxite et sa poule déambulaient au hasard de la rue, guidés par les vapeurs de Bacchus et les caprices de Vénus. Ils entrèrent chez Mme Roos, l'oligarque vomit son château d'Yquem dans le porte-parapluie, s'essuya avec le bord de sa veste Dolce & Gabbana, et, visiblement transporté par tant de beauté, acheta une bonne moitié des œuvres d'un seul coup de carte Centurion. Les murs se couvrirent de points rouges comme de petite vérole, attirant le regard du visiteur du dimanche, allumant un signal dans l'inconscient des collectionneurs : par quel diable cet artiste inconnu avait-il soudain autant de succès ? Parallèlement parut un article sur un blog branché qui fit venir pas mal de faiseurs d'opinion mondains et fauchés. On regarda, on discuta, on critiqua. Auprès de ce monde serré du cerveau, les points rouges firent leur effet : incontestablement, l'artiste avait du talent. Il fut décrété génial le jour où, sur l'une des photos, un chef d'entreprise produisant des tapis roulants crut reconnaître le portrait de son père.

La diligence de Mme Roos y était aussi pour beaucoup. Les prix restaient raisonnables. Et Cécile faisait de longues journées. Le photographe était natif de Carcassonne : elle eut la bonne idée d'écrire à la Chambre des métiers de l'Aude, qui cassa sa tirelire pour décorer ses bureaux tout en faisant passer la facture en « soutien des talents locaux ».

Plus il y avait de points rouges, plus il était facile de vendre des photos dont personne ne voulait au départ. Nous étions entrés dans la spirale vertueuse du succès. Mme Roos en toucha un mot au photographe, qui se débrouilla pour augmenter avec doigté les tirages dits « d'auteur », non numérotés. On était donc parés contre toute rupture de stock, et l'on vendit, vendit comme des pestiférés, vendit comme des déterrés, au point où, Mme Roos ne sachant que faire de tant d'argent, Cécile reçut une prime.

Elle en investit la moitié en vieux livres de photos, dont *Moscou*, et le reste s'évapora en béquilles de vie, accessoires divers, ronds dans l'eau et factures EDF.

Cécile se professionnalisait. Elle faisait attention désormais qu'il n'y eût rien de personnel sur son bureau. La carte postale de Pise fut détruite, le ficus baobab nain déménagea. Même le tailleur cintré qu'elle avait porté en ce jour funeste du vieux goujat eut à subir un ostracisme. Il commença par se pendre dans le placard, puis, quand Cécile eut assez de tomber dessus, elle le donna à sa cousine de La Rochelle en prétextant une légère prise de poids.

Elle discernait maintenant les ficelles du métier. Autour d'elle, on voyait que le marché de l'art tournait en rond : les commerçants achetaient chez les revendeurs et écoulaient à d'autres marchands sans faire beaucoup de marge. L'eau stagnait et commençait à sentir. Même la fameuse exposition Cartier-Bresson avait été une déception, à cause des prix élevés, disait Mme Roos. En vieux crocodile du marécage, le galeriste sauva les meubles en cosignant une monographie, puis en organisant une vente aux enchères à Drouot.

Mme Roos répugnait à ce genre de tours de passe-passe, se contentant de faire son métier d'entremetteuse. Les jeunes talents eurent vite fait de repérer le bout de fromage. Plus il y avait de points rouges, plus ils devenaient piranhas. Ils ensevelissaient la galerie sous d'arrogants mails alourdis de pièces jointes, ils envoyaient des suppliques par la poste, ils passaient en personne, leurs espérances sous le bras. Tout ce que la France comptait de Cartier-Bresson en devenir faisait la queue pour se voir brandir devant le nez un bouclier froid et glissant « Désolé, nous ne cherchons pas de nouveaux artistes en ce moment » – gros mensonge, car, au même moment, Mme Roos visitait quelque atelier à Anvers ou à Munich. Tous étaient persuadés d'être uniques et incontournables, tous recevaient une ferme remise à l'heure. Certains portaient cette croix depuis des années, voguant de refus en refus, et, en les observant, Cécile se disait qu'elle avait de la chance de n'avoir aucune ambition artistique. D'autres, l'insolence en bélier, fonçaient à tout hasard, encombrants comme des chevaliers teutoniques, sans craindre le ridicule, collants comme une lèpre.

Il fallait déployer beaucoup d'adresse pour les éconduire. Cette gymnastique prenait du temps. Pour limiter le flux et soulager son employée, Mme Roos imprima un écriteau « Nous ne regardons pas les portfolios » qu'elle plaça derrière la vitre de la porte d'entrée. Le nuage de sauterelles diminua, mais Cécile se demanda alors si la galerie ne risquait pas d'être perçue comme manquant de curiosité, voire de dynamisme. La démarche semblait maladroite de la part d'un marchand dont les artistes vivants étaient le fonds de commerce.

– Il faut se dire que les parasites sont la rançon du succès, soupira Mme Roos, et l'on enleva l'écriteau.

Petit à petit, comme une plante qui grandit et se colle à la rambarde jusqu'à former un ensemble architectural indivisible, Cécile devint associée à pas mal de décisions, allant de la mise en page des invitations à la gestion de l'accrochage, ce moment délicat et rébarbatif. Il arrivait même que Mme Roos partageât ses réflexions sur les artistes sélectionnés. Cécile avait le droit de donner son avis, tandis que Mme Roos avait le devoir de s'asseoir dessus avec élégance et autorité. Son coup de foudre du moment était un jeune Chinois, émigré en Belgique, lauréat d'une bourse de la fondation Becher.

Cécile était en train de composer sa biographie pour le communiqué de presse, quand la porte vitrée s'ouvrit sur un portfolio noir.

« La rançon du succès », diagnostiqua-t-elle.

Au bout du portfolio tanguait un jeune homme à lunettes, le cheveu abondant et la veste savamment décontractée, un jeune homme à mille autres pareil mais, pour Cécile, reconnaissable immédiatement.

« Cartier-Bresson !... Comme on se retrouve », pensa-t-elle.

Le jeune homme se promena dans la galerie en s'arrêtant devant chaque photo. Cécile savait d'expérience qu'il ne regardait pas vraiment les œuvres, il marinait en attendant le bon moment pour partir à l'abordage, rassemblant son courage, élaborant dans sa tête le premier grappin. En cela, le démarchage d'une galerie ressemble à une tentative de drague désespérée, d'emblée vouée à l'échec.

– Excusez-moi, dit-il d'une voix d'oisillon.

On se demandait où était passée sa superbe, son bagout ravageur, son sourire à double fond.

– Moui, fit Cécile, en faisant semblant d'être absorbée par son écran.

– Je fais de la photo moi aussi... J'ai déjà pas mal exposé...

Suivit une interminable liste de villes, de biennales, de concours de province.

« Bah voyons », pensa Cécile.

– Nous ne cherchons pas d'artistes en ce moment.

Elle y mit son plus beau sourire, un brin carnassier.

– Oh, ça ne fait rien, je voudrais vous montrer quand même.

Il ne la reconnaissait pas. Au vernissage Cartier-Bresson, elle avait une coiffure légèrement différente, elle portait des talons et un collier de grandes perles en quartz rose, mais l'avait-il seulement regardée ?

N'empêche. Il avait passé vingt minutes à la baratiner, et il ne la reconnaissait pas.

L'envie de l'envoyer balader se fit plus pressante.

C'était sans compter sur la curiosité. Elle se demanda ce qu'était devenue la vieille peau qui l'avait kidnappé à l'époque. Avaient-ils conclu ? S'était-elle empiffrée de la jeunesse ? Était-il maintenant un jeune homme entretenu ?

Sur le portfolio, elle lut son prénom, Charlie.

Un prénom sans prétention, guilleret et frais.

– Ça ne va pas vous prendre beaucoup de temps, et, ensuite, chacun est libre, sourit Charlie.

Gentiment et fermement, il s'étala sur le bureau – pas de doute, ce type savait forcer le destin.

« Curieux, pensa Cécile, va-t-il finir par se rappeler ? Aura-t-il un soupçon, une hésitation ? »

Pour la première fois depuis qu'elle était à la galerie, elle se laissait faire par un quémandeur.

« Heureusement que Mme Roos est au Portugal », pensait-elle pendant qu'on lui expliquait technique, démarche, influences et perspectives.

– Là, j'ai voulu m'approprier l'espace de l'usine, chantait Charlie, trop content de pouvoir enfin exhiber ce que d'autres galeries avaient ignoré avec morgue. Si vous connaissez l'œuvre de Damien Voch, vous voyez sûrement des parallèles. Je suis content du résultat. C'est assez vaudou.

Qu'il était bon de se sentir à égalité (ou pas loin) avec cette brillante belle gueule, même si – et Cécile s'en rendait compte – le lustre du jeune homme était superficiel, travaillé à l'huile de langue et imprégné de juvénile insolence.

Les photos étaient à l'image de Charlie : naïvement prétentieuses, chargées de références glanées au vent des dernières expos du MoMA et techniquement inégales. Le jeune homme était particulièrement fier de sa série de hangars désaffectés. Pas encore entièrement fixé sur ses choix artistiques, il faisait aussi des portraits en gros plan et en noir et blanc.

– Et, chez moi, à l'atelier, j'ai un nouveau projet, assez dingue. Ce sont des polaroïds que j'ai montés, un peu façon David Hockney, mais retravaillés, enfin, faut voir.

– Je ne suis pas la directrice de la galerie, avoua Cécile. C'est Mme Roos qui décide, et, en ce moment, elle est au Portugal. (Une force inconnue la poussa à ajouter :) Elle me demande souvent conseil. Je suis son assistante, en quelque sorte.

« Pourquoi *en quelque sorte*, se maudit-elle aussitôt. D'où me vient ce ton servile, alors que c'est lui qui est en position de faiblesse ? »

Et pourquoi brillaient donc ses yeux au milieu d'un visage souriant où les sourcils s'arquaient en jouant soudain de leur féminité ?

Il n'en espérait pas tant. Un vasistas s'ouvrit au bout du tunnel, un appel d'air souffla dans le désert, et l'artiste s'engouffra dans la brèche :

– Venez ! Vous qui devez en voir pas mal, des ateliers, je vous promets, vous ne serez pas déçue. Et si un jour vous ouvrez votre propre affaire…

Il laissa ses coordonnées et de malicieux points de suspension dans le cœur de Cécile.

L'Écrivain

C'est une journée banale, faite d'un petit déjeuner ordinaire, avec des céréales complètes aux pépites de chocolat, d'un voisin poli que l'on salue à la sortie de l'immeuble, d'un trajet commun en métro. On mène son travail comme on promène le chien. Par moments, comme on est jeune, on est tout content d'exister, mais la plupart du temps, on ne remarque même pas que l'on existe. Soudain, le soir a mordu le jour. C'est déjà l'heure du cours de maths.

La maman de Bruno n'avait pas menti : des parents intéressés appelaient José, sa clientèle s'élargissait. Il avait un « très bon contact ». Il était rassurant avec les parents et flexible avec les élèves – ni condescendant ni pédant. Cancre lui-même, il essayait d'aider avec humilité et pragmatisme. On sentait qu'il s'impliquait. Le problème de trigonométrie, lui, restait parfois sans réponse.

Pour éviter les faux pas flagrants, José révisait des théorèmes qui n'étaient plus de son âge – à Montargis, dans le grenier, une vieille malle avait conservé les manuels de plusieurs générations de Toeffler – et, souvent, il parvenait à placer une règle de trois ou un Pythagore de toute beauté.

Ce fut ainsi qu'il découvrit Yolande. Il débarqua un jour devant une porte modeste, dans un logement social pas loin du Père-Lachaise. Une famille très simple, où l'on n'aurait pas aimé naître : père ouvrier sans qualification, comme un éclat d'une autre époque, bourru et franchouillard, mère grosse chose à petites jambes, tenant davantage d'une souche que d'une femme, faisant mal aux yeux par sa laideur. Ici aussi, une table basse : sachez, semblait-elle dire, que, sous ses airs modestes, cette famille a des aspirations bourgeoises. Point de Botticelli, en revanche, mais le grand œuvre de Johnny Hallyday, troublante pile de vinyles destinés à nourrir la chaîne *eighties*, encastrée dans l'étagère le long de la télé, que l'on avait aussi décorée d'un volume XII de l'*Encyclopaedia Universalis* chiné aux puces de Montreuil et d'un *Larousse junior.*

Dans cette ambiance bas de plafond, on le reçut comme s'il était Einstein et Merlin l'Enchanteur réunis. Si, dans d'autres familles, se devinait la peur de l'échec scolaire et du déshonneur social qui pourrait en résulter, ici, au contraire, José incarnait l'espoir d'une sortie par le haut, ses lumières pédagogiques donnant à l'élève la possibilité de sauter dans le train de la méritocratie républicaine. Réussir dans les études afin de vaincre le mauvais sort de cette naissance de caniveau, réussir dans les études et finir employée de mairie ou à la poste, réussir dans les études pour ne pas être caissière de supermarché – telle était l'ambition démesurée des parents de Yolande.

Ce n'était pas gagné. Yolande avait redoublé en quatrième, et sa troisième ressemblait maintenant à une longue agonie. Elle avait des problèmes dans toutes les matières y compris le sport.

– C'est surtout le français qui déconne, minimisa-t-elle d'entrée de jeu.

– Owowow ! hurla le père. Tu ne parles pas tant que monsieur José ne t'y a pas invitée. Non mais owow ! Tu t'assieds, tu te tais et tu écoutes.

Yolande leva les yeux au ciel où pendait un engin éclairant en verre mat avec des canards en faïence, figés dans une lumière jaunasse.

– Nous, on voudrait bien engager plusieurs cours, en effet, monsieur José, dit le père. Mais à vingt-cinq euros de l'heure, on décroche. Alors il vaut mieux, je crois, nous concentrer sur le trou noir. Là où elle est à zéro en permanence, c'est le français.

Ce n'était pas non plus le point fort de José.

Le père tendit une enveloppe.

– Tenez, on s'est dit qu'on allait vous régler d'avance pour dix cours, on avait un peu d'argent de côté pour les vacances.

José, gêné, bafouilla tout en délicatesse :

– Il n'y a pas d'urgence, vous pouvez payer après chaque séance, enfin, c'est parfois plus pratique.

Non, ils préféraient d'un seul coup. Ça leur paraissait plus simple de casser la tirelire des vacances plutôt que de se serrer la ceinture chaque semaine. Ils étaient fiers de pouvoir le faire. C'est notre petit luxe à nous, disaient-ils. Nous pouvons nous permettre d'offrir un avenir à Yolande. Le brevet des collèges ! Avec ce paiement unitaire, ajoutaient-ils, nous serons sûr d'avoir une place dans votre agenda, car vous devez être énormément sollicité.

José prit l'argent.

– Vous ne vérifiez pas que le compte y est ?

Voyant qu'ils allaient être déçus, José recompta. Les deux cent cinquante euros avaient été patiemment assemblés avec des billets de dix et de cinq. Plusieurs semaines de petites privations – de Nutella que l'on étale finement pour faire durer le pot, de baguettes industrielles décongelées, de café premier prix aux arômes de latrines –, déménagèrent vers la poche de José. Quand il en prit pleinement conscience, il eut un moment de dégoût.

Plus tard, face à un devoir de français où il buvait la tasse, le malaise s'amplifia. Yolande le fixait avec de grands yeux verts et idiots où luisait la confiance absolue du ruminant. José, lui, ramait dans l'énoncé. Quelques questions faciles de vocabulaire trouvèrent rapidement une solution sur internet, d'autres nécessitaient l'étude d'un extrait de Romain Gary, où José se sentit en déséquilibre. Il comprenait chaque phrase séparément mais l'ensemble lui donnait l'impression d'avancer sur un fragile pont de lianes.

– Pour cette « promesse de l'aube », il faut aller sur Wikipédia, histoire de recopier la bonne formulation, dit-il, honteux.

– Le prof nous l'interdit, remarqua Yolande, mais tout le monde le fait.

José était confus. La mauvaise conscience pulsait fort. Il était donc venu dans cette famille indigente, il avait pris l'argent, et ne donnait rien en échange, se contentant d'accrocher des pansements courtauds sur des lacunes béantes.

– Il arrive que des écrivains aillent sur internet, trouva-t-il après quelques hésitations. De vrais écrivains, qu'on voit dans les librairies. Alors, si des écrivains le font, pourquoi pas nous ?

Il n'était pas certain que ce fût vrai, mais comment s'en sortir ?

– La vache, dit Yolande, pragmatique.

– J'te jure, dit José.

Devant les doutes de son élève, il improvisa :

– Attends trois secondes, je vais envoyer un texto à un ami qui s'y connaît.

Et ce fut ainsi que, assis au Rostand devant un grand crème, je reçus le message suivant :

« Urgent. Pour un devoir de français de troisième, peut-on copier sur wiki ? Les écrivains le font-ils ? Que veut dire "promesse de l'aube" ? Merci de me répondre *immédiatement*. José. »

Comment expliquer ce que je ressentis ?

J'étais en train de rêvasser en entassant dans un bloc-notes des embryons de personnages sur lesquels je comptais bâtir une histoire – une fiction du lointain passé. Cela faisait un an que j'y travaillais, et le bloc-notes portait les stigmates d'un certain désarroi. Plusieurs fois commencé, plusieurs fois enlisé, le néolithique vivotait au gré de mes croisières dans les cafés. Des ronds de cul de tasse ornaient mes pages en y produisant de vastes enchevêtrements d'anneaux olympiques incrustés de réflexions inspirées par J.-H. Rosny et Jean M. Auel, grands Cro-Magnons devant l'éternel. Parfois, au Rostand, mon regard tombait sur une vieille dame assise au fond, toujours à la même place contre le radiateur, qui écrivait elle aussi, des strates de cahiers couvrant la minuscule table comme neige éternelle. Son abondante production sonnant comme un reproche, je me reprenais, et, euphorique, j'alignais quelques planètes à la force du poignet. Comme je m'aimais dans ces moments-là !

L'appel au secours du jeune José m'enquiquina en court-circuitant le brouhaha de mes réflexions, tout en me donnant un prétexte pour refermer le bloc-notes. Ainsi va le procrastinateur littéraire : toute occasion est bonne pour repousser à demain les paragraphes que l'on aurait dû écrire hier. Avec sa peau hypersensible, on attrape un rayon de soleil, une goutte de pluie, et on leur confère le pouvoir perturbateur d'un ouragan, car il est mille fois préférable de perdre du temps à répondre à José que d'être confronté à son enlisement.

À l'autre bout de Paris, en attendant mes lumières, José labourait le champ infiniment pénible de l'accord du participe passé. Là aussi, il trouva les règles de base sur internet, mais rien sur la phrase concrète qu'il devait écrire. Après avoir accordé plus ou moins au hasard en se vouant à sa bonne étoile, il maudit intérieurement le jour et l'heure de sa naissance dans ce pays où le maniement de la langue élémentaire est réservé à une élite.

Son portable vibra.

– J'ai la réponse ! dit José. On peut y aller. Tant que c'est « intelligemment fait », on a carte blanche.

Soulagement dans le regard, redressement du front, détermination du nez : on aurait dit qu'il venait de réussir un tour de force paranormal.

Ainsi libérés, des ailes leur poussèrent et ils plongèrent sans complexe dans le pompage. Ils maquillèrent, avec plus ou moins de talent, les passages trop flagrants et s'amusèrent à paraphraser les réponses wikipédiennes pour leur donner un parfum plus spontané, quitte à tomber dans le charabia. Pour la « promesse de l'aube », ils recopièrent mes explications vaguement fumistes – je ne me souvenais guère de ce livre et son titre grandiloquent m'avait toujours agacé.

José ne manqua pas de souligner auprès de son élève que la caution morale venait d'un écrivain « assez connu ». Il compensait ainsi sa faible prestation d'enseignant par le prestige du carnet d'adresses, et justifiait, par osmose de moi, le prix de ses leçons.

Le lendemain, pour la première fois dans sa courte vie, Yolande rendit un devoir de français où elle avait traité toutes les questions. L'inspiration y montrait des hauts et des bas, mais certaines réponses étaient étonnamment denses et comportaient plus de trois phrases. Sa moyenne s'en ressentit immédiatement, passant de trois virgule vingt-deux à plus de huit.

José fut auréolé du prestige du général rentrant victorieux d'une grande bataille. Les résultats parlaient pour lui. Si Yolande était parvenue à recoller au peloton des élèves médiocres, c'était vraiment grâce à son opiniâtreté. Il abandonna cet air craintif d'escroc sur le point de se faire démasquer. Et moi, quelques semaines et une vingtaine de messages plus tard, je reçus une invitation à fêter l'anniversaire de José, avec Léo et d'autres jeunes gens de sa génération.

La valise en toile cirée

Demain, oui demain, je m'y mets. Je me lèverai tôt et je commencerai la journée par une série d'assouplissements. Quand le frais soleil matinal viendra me saluer par la fenêtre, j'aurai déjà écrit plusieurs paragraphes. Ainsi lancé, tout me paraîtra simple, et l'humeur suivra. Aujourd'hui, j'ai fait preuve de mollesse. Il faut dire que l'on m'a dérangé plusieurs fois. La visite du syndic pour une histoire de tuyau sans plomb, à elle seule, est capable de mettre en l'air les meilleures dispositions. Les courses au Franprix, cette galère. Le paquet à envoyer absolument pour le baptême de Nadia. Comment voulez-vous que l'on travaille dans ces conditions? Mauvais karma, mauvaise journée. Quand les roues sont parties de travers, le fossé jubile. Demain on remet les compteurs à zéro. Une nouvelle vie pour le stakhanoviste de la littérature. Objectif minimum – cinq paragraphes. Quant au maximum… Il n'y a pas de limite à l'ambition. Demain n'a pas de plafond. Demain est vaste comme un continent. J'occuperai demain dans ses moindres recoins. Je n'irai pas sur internet, pour commencer. Je travaillerai tard et le café me tiendra éveillé. Pas de whisky, pas même une larme, au crépuscule. Demain commencera une vie faite de résistance à l'effort et de productivité. Mais ce soir, étant donné le désastre de cette journée déjà bien entamée, où il est évident que je ne produirai rien de valable car j'ai déjà pris le pli de l'échec, afin que les heures qui passent ne se transforment pas en un interminable reproche, je ne vois pas d'autre solution que de me rendre à la soirée de José.

Voyez le piège ?

S'il n'y avait cette procrastination naturelle qui est mon lot depuis pas mal d'années, j'aurais sans doute refusé d'y aller : il est en effet bancal de se retrouver le plus âgé, avec une vingtaine d'années d'avance, au milieu d'un jardin d'enfants. Qui a envie de nager comme un cheveu dans la soupe de cette jeunesse, de traîner comme un corbillard coincé à un mariage ? Qu'avions-nous à nous dire ? Peu de chances que le néolithique les branchât. Alors quel potage pour mes oreilles, quel fond sonore ?… Quelles chips bas de gamme allaient être servies, quel vin abrasif ? Passé la quarantaine, on a des exigences de vie sur lesquelles on n'aime pas revenir. Et que de temps perdu !

Cheminant la banlieue, traversant des zones de disette esthétique, on ne manque pas de se poser la question de la finalité de cette entreprise.

J'étais conscient, évidement, que j'avais sur les bras une invitation de politesse plus que de connivence. Le jeune, bien élevé, voulait se mettre aimable avec celui qui l'avait dépanné. Autrement, on se serait vu à Pâques, comme chaque année, chez sa marraine orthodoxe, où l'on me convie pour un repas des plus enchanteurs.

Je l'ai ainsi vu grandir, le petit José, depuis ses cinq ans. À chaque résurrection de Jésus, il prenait quelques centimètres. Deux ou trois fois, il avait muté du tout au tout. Je le connaissais sans le connaître vraiment : il n'était ni sympa ni antipa, d'un caractère égal, moyennement serviable mais pas arrogant pour autant. Il n'avait de passion apparente pour rien – le jeu vidéo est un Dieu possessif et jaloux. Le salut cordial, il disparaissait dans quelque recoin du grand appartement, tandis que les adultes encalminés que nous étions échangeaient des inquiétudes sur son avenir scolaire.

« Il a de l'ambition, le petit », disait la marraine sans vraiment convaincre.

Une ambition sans point d'attaque peut-elle exister, lui répondais-je en y mettant les formes. Ce serait alors une ambition universelle, comme il est des tournevis qui s'adaptent à n'importe quelle panne, une ambition de tout, une ambition de rien, une ambition de ventre, viscérale comme la faim et éphémère tout autant. Une ambition rachitique du mollet pédalant sur un vélo invisible.

On faisait une liste de métiers qui ne lui convenaient pas, et, chaque année, cette liste s'allongeait. « Il n'est pas un littéraire. » « Médecine, ce n'est pas pour lui. » « Je crois qu'il lui manque la fibre commerciale. » Alors, une fois que l'on avait éliminé un à un tous les domaines possibles, que l'on avait coché toutes les cases, sa marraine concluait, la voix pleine d'optimiste certitude : « Il aime l'informatique. »

Des millions d'âmes sont ainsi vouées à l'informatique – comprenez au cliquetis du monde moderne, où tout va trop vite pour les marraines dépassées, mais où des organismes nouveaux, adaptés comme une prise multifonctions à tous les usages fabuleux, évoluent avec l'aisance de microbes dans une salive sucrée. Il n'est pas question ici d'une informatique concrète, faite de lignes de code ou de processeurs à assembler, mais d'informatique fantasmée, élevée au rang de flux de conscience moderne, de force vitale, chevauchant le bruit du monde, sa nouveauté. « Tu aimes ça, l'informatique, hein José ? »

« Il ne reste pas des piles AAA kêk'part ? » répondait l'objet de nos interrogations en traversant la salle à manger et en ouvrant chaque tiroir de commode, l'air contrarié.

« Il aime l'informatique », concluait la marraine, soulagée.

Les années ont filé, les lieux communs sont restés. « C'est une question de génération », dit-elle maintenant. « La génération Y est étonnante. » Avec ses airs de fin connaisseur, elle répète ce qu'elle a lu dans un magazine de salon de coiffure. « Ils ont entre vingt-cinq et trente ans, et ils sont connectés en permanence. » Dans son ton, il y a un mélange de fascination et d'effroi. À l'écouter, on pourrait croire qu'une mutation biologique s'est produite. La totalité de leurs besoins vitaux passerait par le réseau, la rencontre amoureuse, la recherche d'emploi, l'achat d'un linceul pour les parents. Le web, plus important que le système sanguin.

Pourtant, à observer nos jeunes monstres se trémousser sur de la musique standard, échanger des platitudes en roucoulant comme des robots, fumer avec de grands gestes d'autruches, à les voir gober dans leurs gorges roses des alcools en prenant des airs de maîtres du monde, je supputai que les Y étaient d'une banalité comparable à celle de leurs ancêtres, les hommes des générations précédentes, les X, les W, les T, les R…

Un peu à l'écart du troupeau, Jean-Jules et une grande fille aux yeux dépareillés se baratinaient gentiment.

– C'est tout vu, disait Jean-Jules. Une fois que j'ai

la confirmation de Stanford, je contacte l'assoce des anciens élèves, pour qu'ils me pistonnent pour une piaule. Il y a là-bas une solidarité qui fait que...

– Le truc, c'est de se renseigner, prêchait sa copine, la mine sérieuse comme si elle planifiait Austerlitz. Si tu attends ta bourse pour commencer les manœuvres, tu ne seras pas rendu. Et il te faut un visa. Et une VISA. Sur le forum jetudie-a-letranger.com, on dit que...

Ailleurs on parlait stages, appart', admissions parallèles et gagne-pain quotidien.

Le « bon plan » était échangé, cajolé, adoré en piédestal comme le veau d'or.

La jeune énergie dont ils débordaient comme un évier bouché était aussitôt convertie en espoir. Parfois, il y en avait tellement que des flaques se formaient. On y voyait l'offre de travail s'ajuster à l'opportunisme des formations. J'entendais comme un refrain les mots « droit international », « CDI », « Dubaï ». Blindés à l'optimisme, ils ressemblaient à ces chars de la Première Guerre mondiale, maladroits et sans vision latérale.

Et toujours l'ennui, morne et dur, qu'ils ne voyaient pas davantage que le capitaine d'un bateau ne prévoit l'iceberg, mais que je sentais déjà flotter dans leurs propos. Il ne fallait guère être un devin pour imaginer le médiocre parcours qui les guettait, fait de taches de sauce aux cravates et de festive solitude.

Périodiquement, je recevais la visite de José. On se croisait près des chips dont je calculais la densité calorique avant d'en liquider, en mâchant longuement.

J'avais apporté deux haut-médoc dans une gamme de prix raisonnablement inaccessible à leurs petites bourses et les avais planqués derrière le Coca, dans un coin mal éclairé de la table. Puisant ainsi à ma réserve personnelle, j'entretenais mon souffle de vie en me rinçant les yeux sur les jeunes femmes, pas forcément jolies, tout en calculant nonchalamment combien de temps s'écoulerait avant qu'on m'adressât la parole.

– Alors on trinque ? me dit José en poussant la porte de mon usine.

– Volontiers.

– Tu écris en ce moment ?

La question, pénible par excellence, est redoutable pour le procrastinateur littéraire. On sait qu'il faut répondre « oui », car si l'écrivain « fait une pause », comme il le dit parfois en prenant un air enjoué, s'il « prend en ce moment le temps de souffler », il n'est plus tout à fait un écrivain, les arômes n'y sont plus. L'écrivain écrit, qu'on se le dise ! Ardent à la tâche, toujours prêt, comme un paratonnerre, à recevoir l'inspiration. En a-t-il seulement les moyens ? Sous des apparences d'intense activité, se cache une répugnante passivité d'iguane, aux lourds relents de charogne.

– Oui, soupirai-je.

– Ah bon, ah bon. (On voyait qu'il s'en foutait.) De quoi ça parle, si ce n'est pas un secret ?

– Comment le formuler... Il y a plusieurs facettes... Le néolithique... Disons que mon point de départ était l'invention de la propriété.

Pendant quelques instants, je fis exprès de ne pas en dire davantage afin d'admirer le caoutchouc de la politesse forcée sur son visage. Puis je décidai de me montrer sadique en lui faisant subir mes réflexions dont il n'avait que faire, et je décrétai :

– Il faut envisager la propriété comme une découverte miraculeuse, davantage même que la roue ou le feu. N'a-t-elle pas codé les comportements, les rapports de force et de soumission pour des millénaires d'aliénation ou de civilisation – suivant le point de vue que l'on prend ?

– J'ai l'impression qu'elle a toujours existé, dit José.

– Erreur, dis-je. La propriété est très peu développée chez les autres mammifères, y compris les grands singes. Au-delà du repas quotidien chez le lion, de quelques réserves chez l'écureuil, de la tanière de l'ours... Une fois les petits envolés, la plupart des oiseaux abandonnent le nid qu'ils ont construit. Pas nous. Comment en est-on arrivé à développer l'instinct de possession au point où ma cave ressemble au tombeau de Toutankhamon, encombrée qu'elle est d'un tricycle, d'une tondeuse, d'un baby-foot cassé, d'un fauteuil ramassé dans la rue, d'un écran d'ordinateur qui « pourrait encore servir », de tous les sédiments qui se sont amassés autour de moi ? Et le plus fort : j'y ai mis un cadenas, pour que personne n'aille piquer ce dont je n'ai pas besoin. Non, la chose est très ancienne, mais elle n'a pas toujours existé. La propriété, fille du néolithique. De même que l'agriculture et l'élevage, dont je soupçonne l'étroite implication dans cette affaire.

– Néolithique, trop fort, déglutit-il.

– Tout s'est passé comme si le néolithique avait échangé sa liberté d'aller et venir, de cueillir les fruits de la nature qui n'étaient à personne, donc à tout le monde, contre la propriété et un travail des champs éreintant. Pourquoi ? Qu'avait-il à y gagner ? Un surplus de calories, de protéines, disent les rationalistes, expédiant la question avec la rapidité d'un cliché qui claque. Comment en être sûr ? Une période floue dont il ne reste rien. Une indigence archéologique. Quelques bouts de terres cuites, quelques « Vénus ». L'imaginaire collectif est pauvre sur le sujet. Je ne connais pas de roman, pas de film qui en parle – la fiction se sent mieux dans la préhistoire lointaine, le Néandertal, les cavernes. *2001, l'Odyssée de l'espace*. *La Guerre du feu*. Les manuels expédient le néolithique en deux lignes. « Agriculture », « domestication », « poterie » et « commerce » : voilà tout ce que l'on peut en dire. Ni pourquoi ni comment. On a là un tunnel de cinq mille ans – autant que toute l'Histoire ! – et seuls quelques chercheurs se soucient de savoir comment on l'a traversé. Ça s'est fait parce que ça devait se faire, disent les historiens, les philosophes. Or ça n'a rien d'évident.

– C'est une drôle d'ambition que tu as là, dit José sans me relancer sur le néolithique dont on voyait qu'il avait soupé. Puis il ajouta cette remarque, consternante de politesse aplatie : Je suis sûr que tu vas y arriver.

Son horloge interne lui suggérait qu'il s'était éternisé avec moi. Il me fit un sourire d'encouragement plein de triste sollicitude, et se lança dans une circumnavigation des autres invités. Trois secondes plus tard, je l'entendis rire aux éclats à l'autre bout de la pièce.

Moi, je restai, mon plastique rempli de haut-médoc, à ruminer cette « ambition » dont il m'avait gratifié.

« Ah ! ces petits jeunes, pensai-je, un brin paternaliste. Quelle parodie. »

Jean-Jules et sa copine en étaient toujours au même point, d'ailleurs.

– Tu prendras la valise de ma tante, en toile cirée, très légère et solide, disait la jeune fille. Elle pèse genre boîte à chaussures. Tu la fermeras avec deux tendeurs, c'est ce qu'il y a de plus pratique. Je vais me renseigner sur les assurances maladie que l'on pratique là-bas, je suis sûre qu'on peut obtenir un tarif étudiant. Pour les transports, il y a un abonnement que tu peux réserver dès maintenant…

« Ils ne sont pas encore mariés qu'elle pose déjà le joug », diagnostiquai-je.

Jean-Jules semblait un peu dépassé.

La fille cependant n'avait pas envie de laisser son canasson loin des yeux, loin du cœur, Stanford étant tout de même à neuf heures de décalage horaire.

– Je viendrai à Thanksgiving, à Noël, à Pâques, et pendant tout le mois de janvier : je demanderai un congé sans solde à la boutique, gazouillait-elle. On en fera, des bêtises !

Jean-Jules ne se réjouit même pas à ces perspectives érotiques.

– Tu vas t'embêter sur le campus, expliqua-t-il, froidement. On est éloignés de la ville. Les étudiants sont très autocentrés. Je vais passer le plus clair de mon temps en bibliothèque. Sans oublier le club de basket…

La ménagère balaya ces objections d'une pichenette.

– Je me suis renseignée, je peux m'inscrire en auditrice libre à certains ateliers, et n'oublie pas que je vais tenir un blog… auquel tu pourras participer.

Pas vraiment emballé, Jean-Jules tenta de changer de sujet, mais la mante religieuse avait encore des dizaines de points à régler concernant le côté pratique de la transhumance. Son autorité écrasait l'edelweiss.

Jean-Jules finirait par être mangé, me disais-je, comme ont été dévorés avant lui bon nombre de nos aïeux, le tourbillon organisateur et têtu de certaines femmes pouvant rarement être circonscrit. Si elle est astucieuse, l'amazone lui laissera l'illusion de la liberté, et même certains attributs clinquants du prestige de mâle, comme le droit d'étaler une opinion tranchée et parfois iconoclaste sur les sujets philosophiques, religieux, sportifs ou d'actualité, le droit d'ouvrir les bouteilles de champagne et de porter les toasts, mais qu'on ne s'y trompe pas : ce sera son ambition à elle qui dirigera le bonhomme, d'une volonté invisible mais forte, comme le pôle magnétique oriente la boussole.

Il me parut alors que cette capacité de pilotage à distance du compagnon conjugal était une caractéristique de l'espèce, pratiquée aux époques les plus lointaines, aussi innée que le flair du chien – pour le meilleur et pour le pire.

Tout simplement parce qu'un homme en vadrouille met la femme en danger, pensai-je. Qui sait à quelles tentations Jean-Jules pourrait succomber *là-bas*, loin de sa muselière. D'autres femmes, bien sûr, croiseront son chemin, comme les fruits au jardin d'Éden, de nouvelles passions peuvent avoir raison de son attachement, sans oublier que l'infidélité n'est pas le seul abîme, un homme subit aussi des influences esthétiques, culturelles, spirituelles qui le transforment, il fait des choix qui l'engagent – comment être sûre que l'on sera contente du résultat si l'on ne surveille pas toutes les étapes de la cuisson et de l'assaisonnement ? L'instinct le dit : un homme dont on a abandonné le harnais se révèle vapeur incontrôlable.

Aujourd'hui comme hier, quand elle en prend conscience, une femme responsable enclenche des contre-mesures. Et quand elles sont nombreuses à le faire en même temps, tressant chacune une laisse pour son homme, concoctant pour chacun une valise en toile cirée dont on se serait très bien passé, c'est tout une société qui peut changer de perspective.

Heureux de ma découverte, je pris congé de la bouteille de vin et filai vers la civilisation, où m'attendait mon bloc-notes de procrastinateur. J'arrachai quelques anciennes pages sans valeur et en noircis facilement de nouvelles.

Les capras

Le crâne était posé sur une souche, au milieu de l'atelier. Qu'il était blanc ! Chmp n'en revenait pas. Un rayon de soleil complice le rendait encore plus aveuglant. Le vieux Pcss prit quelques fougères et l'astiqua pour la forme.

– C'est un beau modèle, dit-il. On en trouve au-delà du lointain Lointain. Un explorateur comme toi l'a ramené il y a des années. Je l'ai mis à l'abri, je l'ai traîné avec moi partout où le vent nous a menés, et le voici maintenant prêt pour la cérémonie.

Pcss prit un peu d'argile orange et l'étala sur le crâne, lissant à la paume humide.

– La couche doit être assez épaisse. Minimum un doigt. Bien uniforme surtout. Le haut de la tête est facile à faire : il y a l'os juste en dessous, ça tient costaud.

Il tapota le dur pour montrer ce qu'il voulait dire.

– Plus on descend, plus ça se complique. Réussir les joues est la grande difficulté. Ça ! Car elles sont molles et tendues en même temps, un équilibre fragile comme la surface d'un étang avant la pluie.

– Ça ne te dérange pas si je reste ? demanda Chmp car il savait que le vieux Pcss était cachottier – quel artiste ne l'était pas ?

– Reste, dit Pcss. Soit on y arrive tout de suite, soit c'est foutu. Il faut de l'argile à peine molle, pour que la prise soit rapide.

Pcss était né avec de l'argile dans la main tant il connaissait bien les différentes textures et les manières de les apposer, et il avait le coup d'œil.

– L'avantage, avec ces grands crânes, c'est qu'ils accrochent bien la paume, poursuivit Pcss. Regarde comme il se laisse caresser ! On peut faire de la belle, de l'excellente divination.

Comme il parlait, Pcss songeait aux petites tailles des gens de son peuple, là où il se fournissait d'habitude. Ce n'étaient pas de mauvais crânes – ils avaient de très belles dents – mais ils manquaient d'allure, forcément, et ils étaient moins pratiques à l'usage. L'expérience avait montré que plus la tête était chétive, plus il fallait de temps pour lui faire perdre sa chair, paradoxalement. On devait la mettre à tremper pendant des semaines – impossible pendant un voyage –, et, plus tard, on obtenait un os extrêmement lisse, avec toutes les difficultés techniques qui en découlaient pour fixer l'argile. C'était frustrant. À croire que son peuple n'avait pas été conçu pour l'art.

– Physiquement, reconnaissons-le, nous sommes désavantagés, soupira Pcss.

– Peut-être, sourit Chmp. Mais nous compensons spirituellement. La preuve.

Il désigna l'atelier d'un coup circulaire du menton.

Quand venait la saison de quitter le campement pour trouver d'autres horizons, de jeunes porteurs étaient mis à disposition de Pcss et affectés au transport des crânes, des outils, des échantillons d'argile. Une fois la tribu installée au campement suivant, le plus beau noisetier des environs était baptisé du nom de Pcss. Et quand on rentrait d'une chasse, les queues des bêtes lui revenaient en priorité.

En échange des honneurs, Pcss façonnait une dizaine de crânes par an. Personne ne considérait ce rendement comme déshonorant car, en plus des aléas techniques, le cheminement esthétique était long et imprévisible. Les interrogations divinatoires qui accompagnaient chaque création étaient de nature fort complexe, et engageaient toute la communauté. Un crâne n'était pas seulement joli à regarder, il devait répondre à des questions concrètes par le truchement des forces invisibles que seul l'artiste savait percevoir et canaliser.

Fallait-il lever le camp avant le printemps car les aurochs s'étaient manifestement déplacés au-delà de la Forêt sombre ? Pouvait-on échanger quelques liens matrimoniaux avec les peuples de la Falaise ou valait-il mieux rester sur ses gardes ?... Ce genre de questions triviales mais essentielles à la survie de la communauté risquaient de provoquer des disputes, il fallait se mettre d'accord et agir de concert, sans même parler du risque de se tromper. Quand il sentait l'angoisse et la confusion dans les esprits, Pcss prenait un crâne et lançait l'art à la rescousse, sans commande officielle ni idée préconçue – ce n'était pas de l'art engagé.

Le processus étant assez long, la réponse prenait souvent plusieurs mois. Mais il y avait toujours une réponse – Pcss était un grand artiste. Parfois, pendant que l'œuvre se façonnait, il arrivait que la préoccupation de départ apparût à tout le monde comme une sottise, on en riait tous ensemble, on remerciait Pcss, le crâne inachevé était oublié et l'on passait à autre chose. Mais le plus souvent, on se réunissait autour du feu dans une ambiance solennelle, l'œuvre terminée passait de main en main en commençant par les femmes, chacun plongeait ses yeux dans les orbites noires où vivait un morceau d'obsidienne, puis on poussait un chant rituel. À l'issue de la cérémonie, la bonne décision s'imposait à tous et faisait l'unanimité.

– Sans toi, on passerait notre temps à errer dans le noir, remarqua Chmp. Sur tous les grands sujets.

– À grands sujets, grands crânes, philosopha Pcss en lançant un regard vers la partie haute de Chmp, comme pour la jauger à l'aune de ses possibilités futures.

Chmp comprit le message.

– Je t'en trouverai d'autres, c'est promis, dit-il. Le lointain Lointain, j'y suis allé plusieurs fois, et même au-delà. C'est à trois semaines de marche, par temps sec. Je me demande comment ils font pour vivre là-bas, ces hommes aux grands crânes. Plus on s'approche, plus l'odeur est insupportable, à cause du marécage. Il y a quantité d'oiseaux bons à manger, mais l'odeur !

– Elle a l'avantage de tenir éloignés pas mal de braconniers, observa Pcss. Les grands crânes de cette qualité attirent les amateurs. Passe-moi l'eau.

Il avait terminé la première couche.

– On laisse sécher. On recommencera demain, et le jour d'après, quand la lune aura mis bas. (Il se rinça les mains.) Tu dis : l'odeur. Mais l'homme s'habitue à tout.

Il s'essuya sur les cuisses.

– Prends ton demi-frère. Lui et sa femme, Aoa, ne se sont-ils pas habitués à vivre avec des animaux, ces trois capras qui font leurs besoins dans la même terre qu'eux, à quelques pas des bébés ? Des animaux si stupides qu'ils ne cherchent même pas à fuir alors qu'ils savent qu'ils seront mangés tôt ou tard.

Chmp eut un geste du bras qui signifiait mépris et résignation.

– Je ne serai jamais comme mon demi-frère, dit-il. Son dos recourbé, ses jambes pataudes ! Le type est plus jeune que moi mais on dirait qu'il porte sur ses épaules la fatigue de toute la forêt. À force de rester entre capras, sans trop courir par lui-même, il a perdu le tonus. Le feu sacré de Glmsh l'a abandonné.

– Tu parles, taquina Pcss. Si ta femme U ne t'avait pas pris la première, si c'était sous Aoa que tu avais dû te coucher, tu serais exactement comme lui, doux comme un capra. Contraint et forcé, tu aurais adopté ses principes casaniers d'élevage. Mieux que ça, au bout de quelques années, tu serais devenu leur plus ardent défenseur.

– C'est possible, dit Chmp avec fatalisme. Nous sommes ce que femme veut. Elle sculpte notre argile de la même façon que tu blanchis ton crâne.

Suivit un long moment de nostalgie silencieuse.

Après avoir vagabondé dans les souvenirs d'une U jeune et douce, Chmp songea à toutes les filles auxquelles il avait mis son sgug, sans réussir à s'attacher à aucune. Il y avait aussi un fessier de la tribu voisine qui ne l'avait pas laissé indifférent, dans le temps. Ces femmes Nez écrasés, à cinq jours de marche par la vallée, avaient un je-ne-sais-quoi d'affolant. Elles étaient faciles à courtiser, il le savait d'expérience. Certains vantards racontaient aussi qu'elles étaient dociles à vivre.

Cette utopie fit crépiter son cœur :

– C'est décidé, je partirai bientôt pour la chasse annuelle. (Il regarda le ciel couvert de petits moutons blancs.) Donne-moi quelques jours. (Il gratta sa barbe furieusement et en sortit quelques poux qu'il écrasa entre les ongles.) Il est temps de secouer les parasites.

Il étira ses longues jambes qui avaient tellement besoin de bouger, puis il grimpa dans sa cabane où il s'occupa à nettoyer le sol, à tailler des bâtons et à jouer avec ses garnements, Oo et Fp.

La semaine suivante, après une brève dispute avec U, il prit ses affaires et partit en direction du lointain Lointain en prenant la peine de faire un détour par la vallée des Nez écrasés.

À son retour, un mois et demi plus tard, il fut accueilli avec froideur. Les femmes semblaient l'éviter et son épouse U ne lui parlait plus, se contentant de le rayer d'un regard oblique et lourd. Chmp ne comprenait pas pourquoi : son sac était rempli de bonnes choses, à commencer par de la viande d'élan moucheté, une gigantesque portion qu'il avait patiemment découpée en bandeaux et portée à son ceinturon, jour après jour, la séchant au vent et à la sueur de ses jambes. Au menu également des dizaines d'énormes noix blanches comme on en trouvait rarement – une seule de ces noix, frottée en poudre et mélangée à des pousses de guino, pouvait nourrir un petit adulte pendant deux jours. Sans compter les cailloux multicolores pour les enfants, les plumes, les coquillages. Comme si cela ne suffisait pas, il fit sur le retour une pêche miraculeuse, de fermes poissons pleins de chair, qui ne s'étaient presque pas gâtés.

– Et pour toi, j'ai une surprise, dit-il à Pcss en faisant des yeux complices. Une *grande* surprise.

Cependant Pcss prit un air légèrement contrarié.

– Les femmes t'attendaient pour lancer une cérémonie, dit-il.

– Pourquoi donc ? s'inquiéta Chmp. Elles n'ont pas besoin de moi pour décider de ce qui est bon pour la communauté. Elles sont beauté et procréation, et, à ce titre…

– On dit que ça te concerne directement, souffla Pcss.

« Ce n'est tout de même pas pour la dispute conjugale », pensa Chmp, et il essaya d'en savoir plus, mais tout le monde se taisait, y compris sa fille, la frêle Oo – « une matrone en devenir », songea-t-il, et il se surprit à la regarder avec malveillance.

Le soir, après le dîner, le conseil matriarcal se réunit en effet autour du feu. Les hommes se taisaient. Parfois Chmp surprenait sur sa personne un regard de connivence, fait de compréhension et d'amitié. Il avait de bonnes relations avec la plupart des hommes, qui appréciaient sa dextérité à la chasse et son attitude humble, presque craintive, quand il partageait avec eux ses astuces et sa viande. Avec les femmes, c'était plus compliqué. Ce tombeur de Chmp avait semé des cœurs percés, des vexations froides, des maladresses.

Après avoir rendu grâce à la Nuit qui recouvre et purifie, U s'avança devant le comité des femmes et prit la parole. Chmp remarqua qu'elle avait rehaussé ses cheveux de plumes multicolores, de celles qu'il venait de ramener, ce qui ne l'empêchait pas de jeter à son mari des œillades pétrifiantes.

– Sœurs de la Pierre percée, je vous remercie de m'avoir choisie pour parler de nos règles nouvelles. Cela fait longtemps que l'on y travaille, et je crois qu'il faut, à un moment, savoir franchir le pas. Soyons réalistes. Les aurochs se font de plus en plus rares. Leurs troupeaux s'éloignent à quinze, vingt nuits de marche. Mon mari Chmp s'est absenté plus de quarante nuits.

– Lève-toi, mari Chmp ! ordonna Aoa.

Il bondit sur ses longues jambes et fit un pas vers le feu.

– Baisse la tête quand tu écoutes ta femme, mari Chmp ! cria Aoa.

Précision rituelle et inutile, Chmp ayant d'instinct adopté une position de soumission, les deux mains calées derrière le dos, le cou allongé et le menton baissé, les tresses de sa barbe pendantes parallèlement au corps. Les hommes hochèrent la tête en signe d'approbation : c'était la bonne attitude devant le conseil.

– La nourriture qu'il a ramenée en quarante jours d'absence peut nourrir sa famille pendant sept jours, et pas un jour de plus, si l'on enlève la part due aux anciens. Sept jours !

C'était manifestement exagéré dans un sens qui blessait l'amour-propre de Chmp, car rarement son dos avait à ce point senti le poids des provisions. D'un autre côté, il pouvait difficilement nier qu'il avait mis plus de temps que d'habitude – la faute à son détour par la vallée et, sur le retour, à une meute de loups qui l'avait pris en chasse dans la Forêt sombre, l'amenant à rester caché dans les arbres nuit après nuit après nuit, jusqu'à en perdre le décompte des jours.

– Tout ce temps perdu ! se lamentait U. C'est à peine croyable, quand on y songe ! On se demande s'il n'est pas allé braconner ailleurs que ce qu'il veut bien nous raconter.

Son doigt pointa dans la direction de la vallée.

– Soyons franches. Laquelle de nous peut être sûre de son homme tant qu'il reste absent ? Que devons-nous craindre quand cette absence dure des semaines ? Où va la semence ? Pour nous, les femmes, qui sommes beauté et procréation, la promenade incessante de nos maris, soi-disant pour aller à la chasse, alors que certains d'entre eux en profitent pour aller voir les femmes Nez écrasés, dispersant leur liquide comme un bouleau sème les feuilles, est tout simplement insupportable.

Les hommes, se sentant solidairement fautifs, même si la plupart avaient connu la concupiscence des belles voisines davantage en pensées que par les actes, baissaient humblement les yeux.

– Il y a un autre problème, poursuivit U. Dites-moi, mes sœurs, que va-t-il se passer quand Chmp sera trop vieux pour marcher pendant des jours en forêt ? Ou s'il se blesse sur un sentier rocailleux ? Sans parler des bêtes sauvages. Les loups sont des loups pour les hommes. Il faut adopter de nouvelles règles. Laissons la chasse et la cueillette aux adolescents. Les maris doivent avoir d'autres occupations, plus près de chez nous. Réfléchissez.

On resta silencieux. Comme personne ne parlait (sauf l'esprit du feu fendant le bois mort dans de grandes gerbes d'étincelles), Chmp plaça timidement quelques mots pour sa défense :

– Les femmes Nez écrasés sont exquises, je ne le nie pas, et aucun homme de chez nous qui en a connu ne dira le contraire. Leurs proportions sont simplement divines, et jamais procréation n'a été aussi délectable. Leurs coutumes sont exécrables cependant. Je dirai simplement ceci : ils ne mangent pas le chien. Ils ne mangent pas l'escargot. On dirait qu'ils sont végétariens. Cueillette, cueillette et cueillette.

Un murmure se propagea parmi les hommes.

Chmp s'enhardit calmement :

– Nous, peuple de la Pierre percée, peuple du grand Glmsh, ce que nous savons faire le mieux, ce pourquoi nous avons été créés, avec ces pieds qui savent marcher, ces yeux qui voient loin, c'est tracer notre chemin derrière les aurochs, derrière les poissons et les noisetiers, dans ce vaste univers où tant de choses restent à découvrir. Et qu'avons-nous fait ces dernières années ?

À ces paroles, plusieurs jeunes hommes de l'assistance ressentirent l'envie de courir, un javelot à la main, de nager dans les eaux glacées remplies de poissons, de sauter dans les branches en évitant les loups, de vivre une vie de dangers et de soleil, pour que leurs exploits soient contés par les anciens, et transmis de génération en génération comme l'épopée du grand Glmsh dans sa quête originelle de la Pierre percée. Les anciens plissèrent les yeux et virent danser, dans les flammèches, les folles années de leur jeunesse.

– Nous avons pris racine, poursuivit Chmp, nous sommes restés coincés ici, sur ce plateau. Normal que les aurochs se sont éloignés de nous petit à petit, car il est dit que jamais on ne vient brouter à la même herbe. Plus intelligents que nous, ils sont, les aurochs !

C'était des années de froide frustration qui sortaient tranquillement comme la sève d'un arbre blessé.

Aoa, dans sa vaste sagesse, laissa Chmp vider sa barbe.

– Tu as fini, mari Chmp ? Laisse-moi maintenant te rappeler certaines vérités que même les petits Oo et Fp savent déjà. Il n'y a pas que les loups qui mangent l'homme. Le monde est infesté de nomades agressifs, de bandits, de vauriens. Nous n'oublierons jamais l'épreuve de l'année dernière, quand nous avons perdu huit hommes en une seule journée, pendant la traversée de la grande plaine du Nord. Devons-nous avancer à l'aveugle, toujours craintifs, trempés par la pluie et la neige, dans ces espaces infinis ? N'est-il pas plus astucieux, une fois que l'on a trouvé un endroit accueillant, de vouloir s'y fixer ?... Imaginez : chacune a un arbre et une cabane. Plus de déménagements, plus de longues marches, plus d'installations précaires. On construira des pièges contre les loups, des palissades que l'on pourra conserver d'une saison sur l'autre et améliorer. L'élevage des capras, tout répugnant qu'il puisse nous paraître au premier abord, permettra d'avoir de la viande près de sa cabane, quelle que soit la saison.

L'impressionnante infirmière Aïo, que tout le monde respectait pour sa connaissance des plantes médicinales et aphrodisiaques, parla également.

– Le grand Glmsh n'a pas passé son temps à courir les torrents, dit-elle. Il lui arrivait de se poser et de réfléchir. Autrement, jamais il n'aurait découvert la Pierre percée originelle, celle que nous cherchons aujourd'hui et qui amènera la fin de la mort et des souffrances. Cette quête, oui, c'est la nôtre. Mais seuls les enfants croient que la Pierre percée traîne au fond d'un ravin où dans une grotte cachée, et que nous la découvrirons à force de voyager. La vérité est que l'on tourne en rond. On ne sait même plus quelles contrées ont déjà été visitées par nos pères. Il sera plus simple de lancer des expéditions à sa recherche à partir d'un point fixe.

Chmp sentait confusément que ces beaux discours masquaient une escroquerie, mais il ne parvenait pas à comprendre laquelle.

– Tu peux te rasseoir, mari Chmp, dit U. Nous, les femmes du grand peuple de la Pierre percée, nous avons décidé de ne pas partir au prochain printemps. Que les Nez écrasés lèvent leur camp ! Qu'ils s'en aillent et qu'ils n'oublient pas d'emmener leurs femelles. On n'ira pas les retenir. Une fois qu'ils seront partis, on enverra les jeunes chasseurs traverser leur camp pour atteindre l'Au-delà, où l'on a repéré des capras sauvages à la fin de l'été dernier, qu'il faudra ramener *vivants*. Aoa en a déjà plusieurs. Toutes les familles pourront en avoir, petit à petit. Il ne faut pas les manger tout de suite, voilà l'astuce. Il faut d'abord les laisser se mettre le sgug pour qu'ils se reproduisent – regardez comment font les chiens. On en aura beaucoup. On les attachera. Les garder, les promener nécessitera pas mal de travail de la part de nos hommes, mais c'est toujours mieux que marcher sans but en forêt en attendant qu'un auroch veuille bien se laisser tuer. Aussi on limitera les escapades des hommes et les pertes de semence.

Elle parla encore et indiqua, avec l'aide d'Aoa, certaines techniques d'élevage et d'abattage, sans aller très loin dans les détails car on manquait encore d'expérience, puis, quand les nouvelles règles de vie furent énoncées, que les femmes, emballées, eurent besoin de valider définitivement le futur ainsi tracé, on fit un signe au vieux Pcss, qui apporta le grand crâne.

Un silence admiratif descendit sur le peuple de la Pierre percée. L'argile blanche, appliquée en couche de finition, paraissait aussi lisse que de l'os, mais quand on s'en approchait, on découvrait une texture étonnante, semblable à une peau réelle. Les obsidiennes placées dans les orbites avaient été fendues délicatement et donnaient une profondeur inhabituelle. Les joues rosies par le feu vibraient d'une langueur où chacun devinait le souffle des hommes d'avant. Cette tête était décidément en harmonie avec les forces occultes, et les décisions prises dans un moment aussi intense d'extase esthétique étaient forcément providentielles.

Comble du raffinement, quand on la montra de profil, Chmp aperçut un nez assez différent de ce à quoi il s'attendait : il le trouva aplati, avec de grandes narines, comme une crotte d'auroch séchée. Il paraissait évident que l'artiste s'était inspiré d'une femme Nez écrasé, et Chmp en conçut encore plus d'admiration : il songea à la difficulté de travailler d'après une anatomie aussi ingrate, l'appendice nasal n'étant pas la partie la plus avantageuse de ce peuple.

Quand la beauté eut fini de convaincre tout le monde, on chanta quelques phrases consacrées, et Chmp ne s'époumonait pas moins que les autres.

Ainsi l'art avait-il atteint son objectif, créant le consensus et faisant avancer les Pierres percées vers une nouvelle étape de leur histoire.

Le lendemain, Chmp, réconcilié pour quelque temps avec U et lui-même, rendit visite à l'artiste. Il apportait ce qu'il avait promis : une magnifique tête d'adulte provenant de l'autre côté du lointain Lointain, là où aucun guerrier n'avait jamais porté son sgug. Chmp ne raconta pas comment il se l'était procurée. Il y pendait cependant des morceaux de chair séchée que l'homme de l'art dégusta en silence.

Le léopard

– Goûte-moi ce yaourt grec ! ordonna Cécile.

La petite cuillère chargée d'une montagne blanche poursuivit Charlie jusque dans la chambre à coucher, en face de la cuisine américaine.

– Allez, on ouvre la bouche !

Les amoureux sont agaçants. Ils câlinent, minaudent, retombent en enfance sans craindre le ridicule. Les voilà maintenant qui s'enroulent l'un sur l'autre comme des croissants.

Du yaourt coula sur le lit, il en tomba sur la moquette du petit studio.

– Oh non, pas la moquette ! rit Cécile.

Si, la moquette. Rénovée avec l'argent de grand-mère comme le reste de l'appartement, loué avec la caution de Mme Roos qui avait payé trois mois de loyer d'avance, dix-neuf mètres carrés dans un immeuble en béton, à Paris, près du périphérique. Dans ce modeste espace, sans colocataires toutefois, le ficus baobab nain se sentit immense, il eut un complexe de supériorité et une nouvelle branche lui poussa.

Les murs étaient couverts de photos, forcément. Dans son cadre en pin blanc à sept euros, voici une grande œuvre de Charlie. Les couleurs manquaient de piqué, c'était un tirage d'auteur un peu raté, et l'artiste, magnanime, accepta de le céder pour la décoration commune. Il planta lui-même le crochet. Le mur portait désormais une fossette au marteau, que le cadre cachait bien.

Quelques minutes s'écoulèrent après l'adorable épisode du yaourt et d'autres taches allèrent sécher sur la moquette. Une analyse scientifique y aurait décelé une surabondance d'essences masculines. Des graines s'étaient égarées dans Cécile où elles tournaient en rond et dépérissaient. Suivaient bisous, câlins, poutous et chatouilles, tout l'infantile fatras de l'incontinence amoureuse.

Les matins, prise dans ce tourbillon de sentiments nouveaux, Cécile partait en trombe, elle se coiffait dans l'ascenseur, déjeunait d'une madeleine dans le métro, se permettant parfois d'être en retard à la galerie. Là, elle était sourire et légèreté prévenante. Entre ses mains, le travail gambadait comme un toutou rapportant la baballe. La journée tarissait rapidement. Et le soir, une troisième sorte de taches apparaissait : ils commandaient des sushis.

– Tu pourrais faire attention, soupirait Cécile. Le soja, ça ne part pas facilement.

Et recommençait la ronde des taches. Et tournait le lave-linge.

Deux épisodes ralentirent cependant la rotation des jours. Un dimanche, aux puces, à force d'essayer des vêtements chez des fripiers branchés, Charlie perdit les clés. Le serrurier étant trop cher, on décida de faire venir Marco, un copain qui s'y connaissait, armé d'une perceuse et d'un pied-de-biche. Crac ! Maintenant, quand ils sortaient, ils bloquaient la porte en tirant de l'extérieur un lourd carton de monographies de Man Ray à l'aide d'une ficelle qu'ils cachaient ensuite sous le paillasson. Pour entrer, c'était plus simple, il suffisait de pousser.

– Je ne vois pas pourquoi tu flippes, disait Charlie, et son regard faisait rapidement le tour du propriétaire en s'arrêtant amoureusement sur la photo qu'il avait offerte. Il n'y a rien à piquer ou presque.

Néanmoins, par précaution, il emporta une partie de ses affaires et les conserva chez son oncle.

Une autre fois, Charlie voulant à tout prix développer des tirages argentiques « à la Kertész », ce fut une bouteille de fixateur qui explosa pour une raison obscure et coloria en léopard une partie de la cuisine derrière l'évier.

Mais les gamètes circulaient, circulaient. Une question d'habitude maintenant.

Quand la période d'éblouissement s'atténua légèrement, ils eurent une conversation où ils exprimèrent leurs griefs réciproques. Ce fut leur première dispute. Cécile recensa dans un cahier les tâches ménagères effectuées par chacun – une colonne pour elle, une pour Charlie, qui resta presque vide alors qu'il était, on l'a vu, à l'origine de bien des salissures. Elle fit de même pour les dépenses, dans un fichier désagréablement mesquin qu'elle garda pour elle.

De son côté, Charlie se plaignit du manque de considération qu'il voyait dans l'attitude de Cécile.

– Tu n'as même pas songé à prendre mon portfolio chez Mme Roos. Depuis le temps qu'on en parle. Aurais-tu honte de moi ? Tu penses que je ne suis pas au niveau ?

Non, bien sûr, Cécile le trouvait « dingue ». Il avait du « souffle », c'était un « univers bien à lui ». Les artistes de Mme Roos étaient souvent moins forts visuellement, elle en convenait, mais ils étaient, comment dire, plus réguliers. Ils savaient ce qu'ils attendaient de leur art : une fois qu'ils avaient trouvé leur univers, ils s'y tenaient, leurs photos étaient plus prévisibles.

– Mais c'est énorme ! s'emportait Charlie. Tu voudrais donc que je sois *prévisible* ! C'est tout le contraire de ma démarche... spontanéité... lumière... remise en question...

Il était outré sur son grand cheval d'artiste.

– Comment peux-tu être aussi… aussi…

« Aveugle », pensa douloureusement Cécile. De son côté, elle ne comprenait pas pourquoi Charlie ne pouvait pas aller prospecter une autre galerie que la sienne, un marchand plus « délire », moins « plan-plan bourge », dans un quartier moins haussmannien, là précisément où l'on réclamait de l'imprévu dans le bouillonnement des idées nouvelles.

– On aurait dû se rencontrer ailleurs qu'au travail, résuma-t-elle. On aurait évité ce genre de malentendu.

De la pluie tomba sur les toits, des feuilles montèrent aux arbres, le cycle des saisons faisait avancer son cylindre compresseur, et Charlie commença à s'impatienter. On n'avait toujours pas montré son travail à Mme Roos.

– Elle est difficile à coincer, se défendait Cécile. Toujours à courir entre New York et ailleurs. La semaine dernière, Mexico. Tu te rends compte, Mexico ? En plus, venant de moi, c'est délicat.

Quelque chose bloquait.

– Je ne comprends pas, s'énerva Charlie. Tu es censée être une commerciale, tu vends des photos toute la journée, extravertie à mort, et là, face à l'hydre, tu perds tes moyens.

– Ben oui, Mme Roos est une grande professionnelle, dit Cécile. J'ai une appréhension.

– Nous voilà avancés, dit Charlie. Cette attitude me dépasse. Elle ne va pas te mettre à la porte parce que tu lui montres le portfolio d'un type en qui tu crois et qui a de l'avenir. Au contraire, tu lui rends service, elle économise des frais de déplacement, elle s'ouvre l'esprit, découvre de nouveaux horizons…

– Nous ne recherchons pas de nouveaux artistes en ce moment, récita Cécile à court d'arguments.

– Ah ! la barbe !

Il y eut alors des mots plus lourds que d'autres, et une soupe de reproches remplis de sous-entendus.

Charlie partit bouder chez son oncle, Cécile resta avec une impression d'armoire normande sur les bras, un sentiment d'impuissance. Quel était ce mauvais pas ?

Le mardi suivant, elle entrait dans la galerie avec un portfolio.

– Madame Roos, j'ai un problème.

« La petite est enceinte, pensa Mme Roos. Ce doit être le guignol mal coiffé qui vient parfois la chercher. C'est assez ennuyeux. Elle est souriante, intelligente, honnête, et je perdrais du temps à la remplacer. »

– Je suis désolée, dit Cécile. Je me suis laissé faire. On m'a demandé de vous montrer des photos. J'ai subi une sorte de chantage affectif, j'ai été faible et… (La pochette noire en plastique similicuir déménagea dans l'autre main.) Ça ne vous ennuie pas ?

Soulagement chez Mme Roos.

– Ah ! ce n'est que ça… Venez dans mon bureau.

Et ce fut ainsi que l'œuvre de Charlie s'étala dans sa splendide nudité devant le sens critique d'une des galeristes les plus pertinentes du moment.

Cécile ne disait rien. Mme Roos non plus. Cécile accéléra le défilement. En cinq minutes (qui parurent dix) ce fut terminé.

– Bon, maintenant que c'est fait, je suis soulagée, dit Cécile.

– Tout est bien qui finit bien, dit Mme Roos.

Elles n'en discutèrent pas davantage. À quoi bon ? Cécile avait un peu honte. Tant d'amateurisme technique ! Et de complaisance dans le choix des sujets, des angles, des éclairages. « C'est donc à ça que ressemble l'absence flagrante de talent, pensa-t-elle. Un nez de clown planté sur un infirme. »

Elle resta maussade toute la matinée, mais il y avait le coup de feu à la galerie, ce qui facilita le travail de deuil.

L'après-midi, Mme Roos prit des billets pour Berlin, laissa quelques consignes et s'envola.

– Viens récupérer ton book, dit Cécile au téléphone. Ou veux-tu qu'on te l'envoie par la poste ?

Le cousin de Charlie fit le déplacement. Bonjour, au revoir. Le soir, rentrée chez elle, Cécile dit à son ficus :

– Je ne regrette pas le temps perdu.

Un nouveau regard, un nouveau départ. L'aspirateur hurla dans le studio. La petite machine travaillait avec la rage du jugement dernier. Il y avait tant de saleté ! On prit un produit moussant que l'on étala sur la moquette pendant vingt minutes, pour les cas difficiles, et l'on frotta avec le balai-brosse, surtout autour du lit. On mit du liquide bleu sur les vitres. Il coula lentement et l'appartement prit des airs d'aquarium blessé.

– Ne fais pas cette tête, se consola Cécile. Les baffes ouvrent les yeux. Demain, je m'achète un pot de peinture et je refais le mur derrière l'évier. Et puis tous les murs, tiens ! On ne va plus se laisser faire.

La photo de Charlie débarrassa le plancher. On la déposa à la poubelle avec son cadre, son sous-cadre, sa ficelle et son crochet. À la place, quelques jours plus tard, triompha un mur blanc, reposant pour le regard et vibrant de potentiel pour le futur.

– Il est tout de même étonnant que j'aie mis autant de temps à m'apercevoir de sa médiocrité, se désolait Cécile. Quelle cruche, non mais quelle cruche borgne !

Mieux valait tard que jamais, en un sens. Et ce fut sur cette dynamique positive qu'elle embraya les semaines qui suivirent.

Afin que son jugement s'aiguisât et ne fût plus mis en défaut pour des raisons subjectives, elle s'acheta encore plus de monographies, et décida que, désormais, elle éviterait l'écume des vernissages, superficiels et dévoreurs de temps, sans pour autant renoncer à la brasse coulée des expositions. Le tout dans une ambiance studieuse rappelant le yoga : « À moi de trouver, sans l'aide de samaritains, bons ou mauvais, ni de parasites, ce qu'il me plairait d'accrocher sur un mur blanc. »

À la galerie, quand elle entendait la phrase : « Excusez-moi, puis-je vous montrer quelques œuvres ?... », elle acceptait volontiers tout en se montrant désagréable dans les commentaires et glaciale dans l'intonation.

– Qui l'eût cru qu'une photo ordinaire, quand on l'agrandit dix fois, peut faire illusion ?

– Vous êtes le troisième aujourd'hui à me montrer une image vaguement inspirée par Andreas Gursky.

– Je vous prédis beaucoup de succès à Montargis ou La Rochelle.

À la question de sa plante verte : « Quel plaisir éprouves-tu à être haïe par les blaireaux », elle haussait ses épaules, sortait un tapis de gym, et se mettait à faire le poirier. Ainsi il lui poussait enfin quelques racines, et sa position dans la vie devenait plus sereine.

Le soldat stellaire

Le printemps arriva par surprise. José sentit un rayon de soleil et se rendit compte qu'il était assis en terrasse de l'Aiglon, seul, à côté d'une bière et d'un ordinateur où une page se remplissait d'aimables chiffres représentant ses économies.

Car il avait maintenant des économies. Au sortir de l'hiver, l'activité pédagogique avait pris de l'ampleur. Le bouche à oreille aidant, Bruno jouant son rôle d'apporteur d'affaires contre commission, José faisait maintenant travailler une brochette de cancres dont les parents attendaient beaucoup, trop sans doute.

Ses domaines de compétence s'étaient élargis à l'anglais (niveau sixième), à la physique-chimie (jusqu'en première) et même au latin (niveau quatrième, à condition d'avoir un manuel, il pouvait faire réciter les listes de mots et les déclinaisons). Le soutien en mathématiques était toutefois le plus demandé, et José y avait fait des progrès. Si Thalès restait encore un peu obscur, la trigonométrie était maintenant devenue sa mascotte, au point où il pouvait définir un sinus et un cosinus à la volée, et de plusieurs manières élégantes. Souvent, chez un nouvel élève, il espérait même que la première heure de son intervention portât sur ce chapitre, afin d'impressionner par sa technique dès les premières minutes. Il avait parfois cette chance et sa journée s'en trouvait illuminée, il se sentait maître des éléments, ce n'était plus un travail mais une promenade.

Il fit l'expérience de l'incroyable versatilité des programmes, pourtant imprimés noir sur blanc. Suivant l'humeur de l'enseignant et le signe astral de l'élève, semblait-il, un problème de mathématiques pouvait avoir plusieurs finalités pédagogiques, plusieurs méthodologies et une infinité de solutions différentes. José apprit à s'y adapter en manœuvrant entre les récifs de son incompétence, savourant son jeu de jambes et sa maturité nouvelle.

« Il serait bon de réutiliser l'année prochaine ce que j'ai appris chez Bruno et les autres », pensait-il, pragmatique. Ainsi, à chaque moisson, le paysan prévoyant garde une réserve de grains qu'il sème à la saison suivante, ainsi José se constituait des listes d'élèves qui auraient besoin de ses services à la rentrée de septembre. Et devant l'afflux des demandes, il décida de refuser les terminales : à quoi bon s'investir dans un client que l'on avait de bonnes chances de perdre sitôt le baccalauréat obtenu ?

Le bonheur de ce métier, se disait-il en admirant le printemps sur les gambettes des femmes, c'est de gagner de l'argent tout en accumulant des connaissances, d'être utile tout en peaufinant ses réflexes, d'avoir un rôle social tout en faisant travailler sa mémoire.

À la boutique micro, les sinus et cosinus ne lui servaient pas tous les jours. C'était plutôt les moins et les divisions. Sur ce front-là, il y avait un assombrissement notable des perspectives. Avec la crise, les gens préféraient acheter sur internet ou bricoler eux-mêmes. Les affaires stagnaient. Au mieux, José ne venait plus qu'une semaine sur deux, et il avait nettement la sensation d'être une variable d'ajustement.

Il cliqua dans la colonne « revenus », qu'il trouva joliment dodue, et, à la faveur d'une belle créature qui illumina la rue de son anatomie, il décida de démissionner de la boutique dès qu'il aurait un ou deux élèves supplémentaires.

Il joua ensuite à modifier le taux horaire de ses cours et admira les totaux obtenus. Pas mal, pas mal du tout. Il n'était pas encore Mark Zuckerberg (il sourit), mais à ce train-là on pouvait envisager de déménager dans un vrai appart' dès septembre.

– Ouah, l'ordi. Frimeur va ! dit à cet instant Léo en s'invitant à la table. Mademoiselle, un café et une quiche, SVP.

– Et moi un croque, dit José.

Ils échangèrent ensuite des données techniques sur la carte graphique et la mémoire vive de José. Cette cérémonie, dont la signification correspondrait à l'épouillage chez certains primates, permet d'établir une échelle de domination. D'habitude, par ses avis éclairés et tranchés, Léo s'imposait toujours facilement. Cette fois, personne n'en sortit clairement vainqueur.

– Je vois que ça roule, conclut Léo, surpris par cette nouvelle égalité entre eux. Tu t'es remis aux fèves ?

– Dieu m'en préserve, fit José.

– J'en ai acheté une, l'autre jour, entièrement par hasard, dit Léo.

Il sortit un mouchoir crasseux où il avait emballé son trésor.

– J'ai pensé à toi, dit Léo.

– Je vois ça, fit José. Ça vaut que dalle. C'est Luke Skywalker. Cinq euros maxi.

– Je l'ai eue dans un lot, précisa Léo avec des airs de Schliemann découvrant Troie. T'es assis ?... Dix-sept cartons de figurines. Il y a des Kinder, des Tamagotchi, des Tim Burton, du Marvel, et même des Lego *Star Wars*, dont trois vaisseaux Y-Wing rebelles, dans leurs boîtes d'origine. On a passé des jours à trier... Tu connais Maxime ? Eh bien Maxime, il m'appelle...

Suivit une léo-histoire où l'on apprenait par le détail comment il avait réussi ce coup de la décennie en posant les bonnes questions, en marchandant au bon moment, etc.

– Vu la quantité, j'ai été obligé de sous-louer une chambre chez une copine, déballait Léo. Tout ça pour stocker les cartons. En plus la fille est plutôt pas mal. Elle connaissait Maxime et…

« Comme il est loin le temps où je l'écoutais avec admiration », pensa José.

À la table voisine, une jolie maman blonde vint s'asseoir avec son fils. José admira le tendu de la jupe – elle était de trois quarts dos et ne pouvait croiser son regard. Le garçonnet, en revanche, visa José entre les deux yeux avec le pistolet de son soldat stellaire et appuya sur la gâchette.

– Léo, un conseil, tu devrais faire comme notre petit voisin, dit José. Quitte à faire dans le jouet, les robots haut de gamme te rapporteraient plus.

Léo protesta :

– Tu n'y connais rien.

– Je ne suis certes pas un expert, sourit José.

– Robots, je veux bien, s'agaça Léo, mais donne-moi une adresse où l'on peut trouver des lots de gros pour pas cher. C'est une question d'opportunité. Les robots, qu'ils soient en métal des années 1960 ou en plastique Giscard, t'es vite en rade. On les vend à l'unité. Crois-moi, j'y ai déjà réfléchi.

Pour le prouver, il mit le doigt sur le bout de son crâne, comme si c'était précisément à cet endroit que les neurones s'agitaient. José décela cependant une pointe d'inquiétude et une interrogation muette dans le mouvement des sourcils. Quand ses élèves ne comprenaient pas Thalès, José sentait que son visage prenait sans le vouloir la même expression un peu craintive.

« Curieux, pensa-t-il. C'est Léo qui a besoin de mon approbation maintenant. »

– Ça t'irait mieux, les robots, répéta-t-il tout haut, et il y avait dans sa voix une tranquille assurance. Je te connais bien. Question de tempérament et de valeur ajoutée.

Léo exigea des explications. José fit un vague geste de la main qui signifiait « je le sens et c'est ainsi ». Le portable s'étant mis à couiner dans sa poche, il ne put approfondir sa pensée.

– Excuse-moi, dit José, une urgence.

Il sortit un magnifique objet translucide – cadeau de Bruno – qu'il caressa de l'index en faisant défiler les messages. Léo regardait les lumières roses et bleues danser comme des feux follets.

– Tu ne devineras jamais qui vient de m'écrire !

– Cécile ? tenta Léo.

Un voile à peine perceptible tomba sur le front de José et remonta aussitôt.

– Non, c'est un écrivain que je connais. Il me bombarde de textos.

– Tu connais un écrivain ?

Léo en lâcha sa quiche.

– Ouais, dit posément José. C'est un type assez désagréable, introverti comme la poche arrière de mon jean, mais qui n'en pense pas moins. Il prend les gens de haut, parfois. Je le vois de temps en temps, c'est un ami de tante Ksénia.

À cet instant, José fabriqua un silence riche de suspens. Puis :

– Il est en train d'écrire sur moi.

– Tu déconnes.

– La dernière fois, chez tante Ksénia, il m'a posé un tas de questions mais je n'ai pas tilté plus que ça. Puis, à mon anniversaire de l'autre jour – tu as dû le voir, il a un visage carré avec des lunettes, un peu gamin dans son attitude –, il m'a parlé d'un livre qu'il écrivait sur le néolithique, sans être très clair pour autant. Le néolithique ! Si ce n'est pas idiot, ça ! Il est évident que le roman historique est une façade. En réalité, il écrit un livre sur moi. Vise un peu.

José lui transféra un texto que je venais d'envoyer.

– Tu vois les questions ? Quels sont mes amis, et quels sont mes projets, et comment je perçois l'avenir. Pour sa « petite enquête », comme il dit. C'est limite indiscret.

– Envoie-le promener, suggéra Léo.

– C'est délicat, il connaît ma tante.

José préféra garder pour lui le fait que l'écrivain l'avait plusieurs fois dépanné dans son nouveau métier, créant ainsi une dépendance morale dont il aurait eu du mal à se soustraire dans l'immédiat.

Une pensée traversa Léo :

– Il est pédé ?

José réfléchit.

– Ce n'est pas impossible. Mais bon, il se la joue soft pour le moment. On a facile vingt ans d'écart. Et il n'est pas mon genre.

– Dommage que ce ne soit pas une femme, dit Léo. Tu aurais pu t'amuser. Les écrivains femmes sont fastoches à mettre au lit. Tu vois, elles se documentent en permanence, curieuses de tout : pour elles, un jeune au pieu, c'est pain bénit. Elles se le font du mieux qu'elles peuvent et recopient ensuite leurs impressions poétiques ou salaces, pour que d'autres femmes s'émoustillent en les lisant. Or, même avec vingt ans de plus, il y a certaines femmes… certaines femmes…

Il avait remarqué lui aussi la jupe tendue à portée de bras.

Ils restèrent silencieux, confrontés à l'inénarrable.

Le soldat stellaire en profita pour les liquider ensemble dans une grande explosion de bombe atomique. Puis, se lassant de ses voisins, il se lança à l'attaque d'une bouteille de jus d'orange. Sa jolie maman était au téléphone et se contentait de ramasser machinalement la petite cuillère qui tombait toutes les minutes du guéridon. À ces occasions, les courbes se tendaient davantage.

– C'est drôle, dit José. Il y a six mois, on me disait que je manquais d'ambition, et soudain un écrivain s'intéresse à ma vie.

– Trop fort, confirma Léo. Pourtant on ne peut changer en si peu de temps. Tu es, que tu le veuilles ou non, identique. À part quelques cellules peut-être.

– Je suis José, dit José pensivement, mais en même temps... Ce matin, je ne suis pas loin de penser que je suis en quelque sorte l'ambition elle-même. Te rends-tu compte ? Par ma simple présence, sans que je fasse quoi que ce soit de concret et à mon corps défendant, j'aide Bruno à devenir un homme d'affaires. Je lui fournis l'inspiration, l'occasion et les moyens de s'enrichir. Pareillement j'aide mon abruti de coloc' à construire sa vie pour être mon exact contraire. Ayant loisir de m'observer tous les jours, il sait quels chemins choisir. Pour lui, je suis un repère.

– Tu charries, dit Léo, troublé.

– Tu te souviens de Cécile ? poursuivit José. Essayons d'analyser. Quel était le sens de sa démarche ? Il y avait quelque chose en moi qui l'a poussée à rompre. Pourquoi m'a-t-elle quitté ? Pour conquérir un avenir meilleur. Je lui ai donné cette ambition. Sans moi, soyons logiques, elle ne serait jamais partie voir ailleurs. Mais ce n'est pas tout. Un écrivain, bloqué depuis deux ans – il le claironne à chaque Pâques : « procrastination », « procrastination » ! –, se serait mis à écrire en me croisant à un anniversaire. C'est fou quand on y songe. Il y a un prodige derrière tout cela. Je suis un catalyseur qui déclenche l'ambition !...

Il disait ça en plaisantant.

Encore que, pas tout à fait.

Il était assis dans la lumière tiède de ce début de printemps, aux premières loges d'une renaissance, il sentait qu'il y avait une nouvelle manière d'aborder la vie, plus fluide et naturelle, quand il suffit de prendre la pente et laisser faire la gravitation, s'abandonner à l'inclination sans se poser de questions.

Pendant ce temps, le soldat stellaire avait armé son bras-bazooka. Un projectile se préparait à être catapulté. Il était temps de lever le camp.

José se pencha vers Léo et baissa la voix :

– Même le gamin de notre jolie voisine, ne trouves-tu pas étrange que son jeu de guerre se soit perfectionné en m'y incluant, moi, un parfait inconnu ?

Il comprit tout de même ce qu'il y avait d'incongru dans cette observation, et il se força à un petit rire.

Comme ils partaient, Léo l'attrapa par l'avant-bras :

– Sérieusement, José, entre nous, tu penses réellement que les robots…

– Affirmatif, dit José. Toi et les figurines, comment dire, je ne le sens pas. Ça me rappelle mes fèves. Il y a un manque de personnalité dans la démarche. Une petitesse. On dirait que tu veux rester un marchand des quatre-saisons, dans ta roulotte, à la sortie de la fête foraine. Débarrasse-toi de tes cartons et renseigne-toi pour les robots. Bouge. Change le paradigme. Écoute l'ambition.

Le catalogue

Il savait donc ce qu'il voulait, ou plutôt il croyait savoir, ou plutôt il avait l'impression qu'il avait délimité les voies sans issue dans lesquelles il ne se voyait pas d'avenir. Oubliées les fèves, les affiches vintage, les réparations informatiques. Le papillonnage des boulots minuscules n'avait pas de sens. Le galop perpétuel du type qui traque les affaires ne le satisfaisait pas vraiment : il lui manquait le jeu de jambes d'un Léo. Il n'était ni un chasseur de trésor ni un mercenaire. Il lui vint un besoin d'échafaudage.

Cette crise de réalisme coïncida avec une aventure qu'il eut avec une fille de voisin, à Montargis, où il passait désormais pas mal de week-ends. La fille travaillait dans l'import-export, sur une plateforme logistique dans le Loiret. Elle faisait très bien la sauce BBQ.

Pour clore le chapitre des histoires de cœur, signalons aussi qu'il se faisait draguer par une serveuse assez plaisante de l'Aiglon, une étudiante en sciences sociales, sans que la causette débouchât sur autre chose que des conversations en toc. Preuve de son pragmatisme nouveau, José se demandait ce qu'il en ferait une fois qu'il l'aurait consommée, et comme il ne voyait pas de réponse et qu'il aimait le BBQ, il flirtait à reculons, sans forcer sur sa puissance de séduction.

Un jour de mai, à la faveur d'un cours de maths décalé à la dernière minute, il se retrouva avec une heure à perdre, au milieu d'un après-midi, en plein Paris. Il passa dans une librairie scolaire pour se renseigner sur les manuels les plus récents, puis, quand il réalisa qu'il n'était pas loin de Saint-Sulpice, l'idée lui vint de passer à la galerie de Mme Roos.

Cécile était en plein accrochage. Un type finissait de blanchir le grand mur du fond, un autre bricolait les cadres. Des œuvres nageaient au milieu d'un marécage de plastique à bulles et de papier de soie. La porte était fermée, avec des clés qui pendaient de l'intérieur.

José s'agita dehors, et Cécile vint ouvrir.

– On a un vernissage demain, dit-elle le plus normalement du monde. Je ne peux pas te laisser entrer. Tu vas déranger.

– Je comprends, fit José. C'était juste pour te faire un petit coucou.

– Coucou, concéda Cécile.

– Coucou, dit José.

– Nous sommes en plein accrochage, répéta Cécile. Tiens, prends le catalogue.

Elle lui mit un exemplaire dans les mains.

Sur la couverture, un pont métallique s'enfonçait dans la brume.

De courts instants devinrent longs, soudain.

– Bon, je vois que t'es blindée sous l'eau, et je n'ai pas non plus trop de temps, alors je file, j'ai mon cours qui commence.

– Tu prends des cours ? fit machinalement Cécile.

– J'en donne. Des cours de maths. Thalès, tu vois ?... J'ai douze élèves, comme les douze apôtres, et l'année prochaine je compte passer à seize. L'évangélisation du XIIe arrondissement est en bonne voie.

Il regretta d'en avoir dit autant, ça faisait vantard.

Cependant, tout en sentant qu'il importunait cette femme pressée dont les doux rayons de mai doraient les contours, il ne put s'empêcher :

– J'ai le projet de mettre l'enseignement à domicile sur une orbite industrielle.

« Quelle puérilité ! pensa-t-il en même temps qu'il parlait. On dirait que je passe un oral. Je transpire comme un malade. Et d'où me vient cette grandiloquence de nain de jardin ? »

Il avait la gorge sèche et les aisselles trempées. Le catalogue fondait entre ses mains trop chaudes.

– Je ne te savais pas doué pour l'enseignement, dit cependant Cécile. Ni pour l'organisation. À l'époque des fèves…

– Je ne suis pas spécialement doué, admit volontiers José. Pourtant si tu voyais mes mercredis après-midi, mes samedis ! Et toutes les soirées, bien entendu. Je suis occupé comme du papier à musique. Mon concept se ramifie. On dirait un arbre. Parmi mes élèves j'ai le fils des établissements Richard.

« Punaise, je m'enfonce », pensa-t-il.

Alors il parla de l'aspect social de son œuvre.

– Je vois de ces spécimens, un festival. J'ai un drogué, un obsédé, un pervers polymorphe, etc. Et quelle collection d'imbéciles ! Jamais je n'aurais cru que la sottise avait autant de nuances. D'autres, au contraire, sont étonnamment doués… Un type qui s'appelle Bruno s'est mis en tête d'acheter à Drouot des livres d'alchimie, de kabbale… Passionnant. D'ailleurs un écrivain écrit un livre sur moi.

– Ça me ferait flipper, remarqua Cécile.

Intérieurement, elle dut concéder toutefois que ce n'était pas rien. Alors, un ressort dont elle ne soupçonnait pas l'existence lui fit dire :

– Moi, je voudrais ouvrir une galerie. Ce sera de la photo contemporaine européenne, non française surtout. Avec les Français, on n'a que des problèmes.

« Qu'est-ce qui me prend ? », pensa-t-elle.

Ils étalèrent ainsi leurs rêves et cherchèrent dans

le regard de l'autre une considération, fût-elle distinguée. Ne la trouvant pas, ils s'écoutèrent parler, passant en mode égocentrique, chacun sur sa péniche, éprouvant un mélange curieux de gêne et de soulagement devant cette façon de dénuder leurs ambitions.

Les enfantillages cessèrent quand on entendit un bris de verre. Un ouvrier, tentant une marche arrière alors qu'il était chargé, venait de marcher sur un cadre, heureusement vide. Cécile eut immédiatement d'autres chats à fouetter.

– Oh là là, mais faites attention !... s'affola-t-elle, puis, en se retournant vers José : Il-faut-que-j'y-aille-merci-d'être-passé.

Tout son visage exprimait la femme d'affaires contrariée. José était sorti de ses préoccupations comme une mouche emportée par le vent d'une bicyclette.

La porte se referma, José s'éloigna.

« Objectivement, elle est moins jolie que dans mon souvenir », résuma-t-il, sincère. « Les femmes pressées – très peu pour moi », estima-t-il encore. Ses pensées voguèrent ensuite vers la serveuse de l'Aiglon, nettement plus souriante, puis, naturellement, vers la débauche et la sauce BBQ.

Il tourna dans une rue perpendiculaire et jeta le catalogue.

Quelques mois plus tard, ils se souviendraient de cette étrange journée en des termes assez voisins.

– C'est curieux, comme il est parfois essentiel de formuler à haute voix ce qui patauge au fond de soi, dirait José. En quittant Cécile, je savais assez précisément ce que je voulais faire : m'étendre et prospérer dans l'enseignement à domicile. J'avais passé des mois à naviguer à tâtons dans un brouillard digne d'un automne à Montargis, et là, soudain, cette clarté bienfaisante.

Même son de cymbales chez Cécile :

– En rentrant chez moi, récurée mais étrangement heureuse après une journée d'accrochage où l'on avait fini par casser d'autres cadres, j'ai sorti un post-it et noté les prochaines étapes de mon existence, comme ça, d'un seul jet. Sous le numéro un, je ne sais pas d'où ça m'est venu, je décidai de m'astreindre à une visite hebdomadaire à Drouot afin de connaître le marché des ventes aux enchères. Deux, après quelques mois d'exploration, en m'aidant d'internet et en prospectant des villes que Mme Roos avait négligées – Prague, Barcelone, Édimbourg –, rencontrer un photographe de qualité, peu connu et modeste, pour le faire venir à la galerie. Ce serait un test de crédibilité, de professionnalisme et d'assise psychologique face à Mme Roos. Et trois, enfin, le plus important, à l'horizon de quelques semestres, contacter M. Gheith.

Elle avait conservé ce nom, avec ses deux *h* et cet *ei* prononcé é, elle avait son adresse, son téléphone.

Gracieuse et légère comme la revanche, elle irait le voir pour lui proposer de financer sa future galerie. Ce serait gonflé mais réfléchi. La demande serait accompagnée d'un document imparable résumant la faisabilité, les artistes choisis, le niveau des prix, la fréquence des accrochages. Aucune allusion aux goujateries passées, aucune tentative de séduction. Ils auraient un rendez-vous d'affaires comme notre ville en fabrique des milliers, avec à l'arrivée un accord mutuellement profitable qu'il ne pourrait refuser à moins de trahir le chasseur-cueilleur qui sommeille en lui.

À n'en pas douter, ce fut une journée fondatrice. De la confiance en soi, pour José et Cécile, des perspectives. Surtout, de vraies décisions d'adulte, et le début d'horizons nouveaux peut-être – on le leur souhaite. On s'épargnera la comparaison avec le papillon et la chrysalide, mais on ne peut s'empêcher de penser qu'un livre différent commence pour nos héros. Un âge de découvertes solides, d'ennui constructif, de baffes digérées donnant de l'expérience, d'extase maîtrisée. On y apprendrait comment M. Gheith, séduit, ouvrirait (puis fermerait) sa bourse, comment José ferait du parasitage sur les campagnes de publicité Acadomia avant de rebondir avec une offre d'enseignement à distance, comment Bruno développerait son affaire et comment Léo trouverait un filon. Qui coucherait avec qui ?... Se pourrait-il que José et Yolande… Nooon. Quoique… Et cette moissonneuse-batteuse de Jean-Jules ? Que ferait-il en rentrant d'Amérique ?…

Voilà qu'on m'apporte un grand crème. J'en profite pour poser le stylo. Je remarque que la vieille dame n'est pas à sa table – j'espère qu'elle n'est pas morte.

Et si je vivais son absence comme une opportunité ?… Je me lève et me voilà dans le coin, près du radiateur.

Vieille dame ou pas, on est bien chez Rostand.

La pierre percée

Les parois avaient été taillées de sorte à former des alcôves agréables à regarder et pratiques à utiliser, avec de grosses pierres posées au sol où l'on pouvait étaler toutes sortes de choses, et ces tas de terre séchée où l'on s'asseyait en calant son dos dans des rondins de bois sec. La grotte avait été habitée, Chmp en était certain. Les hommes qui s'étaient dépensés à y organiser leur vie avaient disparu, l'endroit était abandonné et oublié depuis longtemps. Un mur pleurait des filets d'eau, Chmp fut bien content d'y tremper ses lèvres. Rien d'autre, cependant, hormis des traces de suie au mur opposé. À l'endroit du foyer, parmi de vieux débris calcinés, on entendait le chuintement d'un serpent.

« Brave bête », pensa Chmp. Il était fatigué, sa blessure à la jambe lui faisait mal, et, pour couronner le tout, des guerriers Nez écrasés le poursuivaient depuis plusieurs jours.

Ici, derrière les chutes de lierre qui masquaient l'entrée, il pourrait souffler en attendant que la chasse à l'homme s'éloigne, il se soignerait avec des feuilles de tilleul et des gouttes d'écorce rouge, puis reprendrait la belle vie normale, faite d'aurochs, d'arbres et de quête éternelle.

« Tout ce ramdam pour une veuve ! » soupira Chmp en s'installant confortablement sur une pierre.

Il se défit des deux sacs qui contenaient ses biens terrestres : un peu de nourriture, des plantes médicinales, des outils, des bouts de cuir, un bâton très pratique pour écraser la vermine corporelle, un attirail sophistiqué pour faire le feu. L'autre sac, renforcé par une double couche de peau rembourrée de plumes, transportait un cadeau de Pcss, un petit crâne d'enfant aux yeux d'obsidienne qu'il plaça en hauteur dans une alcôve.

« Une veuve, de qui se moque-t-on ! » jura Chmp. Une vierge, il aurait pu comprendre, ou la matrone des matrones, mais une veuve, ça dépassait l'entendement.

Les Nez écrasés étaient d'un avis différent. Ils parlaient de « souillure », d'« honneur blessé » – si l'on comprenait bien leur dialecte fait de gestes brusques, de gros yeux roulés, de barbe frémissante. Pourtant Chmp n'avait rien fait d'autre que laisser son sgug s'aventurer près d'une femme dont les formes l'avaient rendu fou. Au crépuscule, il s'était faufilé dans son arbre, puis dans sa couche où il fut accueilli par des soupirs de bienvenue. L'acte dura le temps que met un ver de terre effarouché pour regagner son trou et s'y blottir. Puis, enlacés, ils écoutèrent le chuintement de la nuit dans les arbres. En partant, il lui laissa trois plumes bleues, prises sur son trésor personnel. La femme lui baisa les mains et lui donna un bâtonnet à mâchouiller, pour ses dents. Avec des gestes qui exprimaient de bien tendres sentiments, Chmp lui promit de revenir – ce n'était pas une parole en l'air, car il suivait les Nez écrasés dans leurs pérégrinations depuis pas mal d'étés, flirtant leurs femmes et prêtant son sgug pour un plaisir partagé, jusqu'à ce malentendu : dans cette tribu primitive, on ne couchait pas avec les veuves, à moins d'avoir accompli divers actes de purification à la complexité rédhibitoire.

Il en eut la confirmation comme il descendait de l'arbre impassible. Il entendit des cris, quelques javelots se jetèrent sur lui et une flèche l'embrassa à la cuisse, sans s'y planter toutefois. « Ils veulent sérieusement me faire mal », comprit Chmp et il ne perdit pas son temps en diplomatie. Il délia ses grandes jambes et força sur les mollets. Il prit par la vallée. Parvenu de l'autre côté de la rivière, il pensait se reposer en écoutant les cris du grand busard. Il eut à peine le temps de boire au ruisseau. Une vingtaine de Nez écrasés, les visages gribouillés de peintures hostiles, portant des armes dans une attitude agressive somme toute assez ridicule compte tenu de leur petite taille, l'avaient suivi avec l'intention évidente d'en finir.

Traversant alors la grande forêt du Non-retour (c'est ainsi qu'il l'appela mentalement), il s'enfuit par les marécages en direction du soleil couchant. La marche était pénible à cause des exhalaisons nauséabondes et des ronces, et il pensait décourager ses poursuivants, mais au bout d'une dizaine de jours il constata qu'on le suivait encore. Il mit le cap sur une zone plus escarpée, s'engagea dans une grande boucle à flanc de colline, marcha jusqu'à l'épuisement, traversa encore un fleuve, et se retrouva dans ce pays lugubre, parsemé de cavernes abandonnées.

Il lui restait encore quelques tresses de viande séchée, de quoi tenir un peu.

« Si j'avais été plus jeune, je les aurais semés depuis longtemps », pensa-t-il en massant ses tendons endoloris.

Puis il mangea et urina.

La nuit était presque tombée.

« Si j'avais été moins vieux », répéta-t-il.

Les Pierres percées ne l'auraient sans doute pas expulsé de la communauté aussi facilement, il aurait été plus éloquent dans sa défense, plus virulent aussi dans ses contre-arguments, son sourire ravageur aurait rallié à lui bien des femmes.

Les mois avant son départ avaient été mauvais pour les Pierres percées. Le soleil avait tellement brillé au printemps que les sols s'étaient desséchés comme la peau du vieux Pcss, sur quoi il plut tout l'été. La petite récolte de seigle qu'ils avaient fait pousser tout autour du village fut anéantie. L'eau s'invitait dans toutes les cabanes construites au sol, pourrissant tout, amenant les rats. Dans ces conditions, dès le début de l'hiver, le foin commença à manquer et les bêtes se mirent à dépérir. Les réserves de nourriture fondirent et le peu de graisse abdominale qui arrondissait Aoa disparut, sans pour autant saper son autorité.

Pour oublier la faim, le peuple se leva comme un seul homme et porta des cailloux. Un édifice remarquable fut construit, on le décora de crânes et on le consacra à Glmsh. Puis un autre, encore plus grand, solide et majestueux.

– Quel manque de discernement ! dit un jour Chmp, alors qu'on venait de poser les fondations d'un troisième lieu de prière. Quelle démagogie, quand on y pense ! Se reposer sur le sgug d'un capra pour assurer sa pitance ! Mon peuple a perdu la raison.

Le lendemain, pour ces mots déplacés, il dut s'expliquer devant le conseil.

– J'ai l'impression d'être le seul ici qui soit sain d'esprit, se justifia Chmp. Ce nouveau système que nous avons adopté quand Oo était une crotte de nez (alors qu'elle est deux fois mère maintenant) est contraire au bon sens. Il ne nous a apporté que des larmes. La preuve, nos capras se meurent, et l'on se prépare à les suivre, car à force d'investir du temps dans ces bêtes ingrates, on a négligé la chasse, la cueillette. À rester sur place comme si l'on était des arbres, nous n'avons pas exploré de nouveaux territoires, nous ne savons plus où sont les pistes des aurochs, ce sont d'autres qui les chassent à notre place. Plus grave, le savoir-faire de nos pères, le repérage à l'odeur, le piégeage, la course-poursuite, toutes ces techniques disparaissent définitivement. Contrairement aux fruits, elles ne repoussent pas en été !

Son beau discours n'eut pas plus d'effet qu'un éternuement d'oiseau. Les jeunes mâles avaient trop faim pour comprendre ce qu'il disait. Quelle chasse ? quelle cueillette ? Parlait-on de cette course ridicule où il fallait sauter d'arbre en arbre au risque de se blesser et dont on rentrait épuisé et aminci comme une lune nouvelle ? La moitié de la tribu était née après le fameux conseil où les Pierres percées avaient pris le chemin de l'élevage. On chassait encore, sans jamais trop s'éloigner du village, et l'on n'attrapait que des lièvres et des renards, parfois un mustak de la taille d'un gros chien.

– Avec les graines, c'est encore pire, poursuivit Chmp malgré l'indifférence froide du conseil. Les faire croître et ramasser les récoltes est une corvée de mammouth constipé. Retourner la terre, semer, chasser les oiseaux pour qu'ils ne mangent pas notre travail, arroser, récolter, récupérer les graines, etc.

Pour un résultat aléatoire, car il suffit d'une sécheresse, d'un coup de froid, d'une inondation, pour que toutes ces plaies aux mains, tous ces dos cassés soient bons à jeter, on récupère à peine de quoi replanter l'année suivante.

– Tu n'as qu'à travailler davantage, mari Chmp ! se leva U. Non seulement, tu refuses de commencer tes journées avec le soleil comme le font les autres membres masculins de notre communauté, mais tu pervertis les autres par ton comportement irresponsable. Tu pars quand ça te chante pour courir la nature, tu joues au jeu des cinq bâtons, tu te frottes les gencives avec des graines de pavot et tu passes ton temps à jacasser comme une pipelette dès que tu croises une connaissance, empêchant les autres, ceux qui veulent bien faire, de travailler correctement.

En position de soumission, Chmp encaissait. Tout ce que disait U était vrai.

– Le pire, mari Chmp, le pire n'est pas ta mauvaise volonté, dit alors Aoa. Ce qui nous révulse, c'est que tu n'as pas la foi. Tu ne crois pas aux capras, aux ovis qui nous ont été envoyés par les forces de la nature. Au fond de ton cœur, tu doutes du bien-fondé des décisions prises ici, en cérémonie, à l'unanimité et avec l'aide des forces esthétiques qui nous dépassent.

– Il n'apprécie pas à leur juste valeur les réussites mystiques d'un Pcss ou d'un Mtss, cafta alors la jeune Oo. Pour lui, ce ne serait pas une preuve suffisante de la bienveillance divine. Comme s'il pouvait y avoir de l'art sans une justesse totale et universelle.

Chmp regarda sa fille avec admiration : en prenant ainsi la parole devant des femmes autrement plus respectées, elle montrait qu'elle avait l'étoffe d'une future grande matrone.

– Cette attitude de défiance, les esprits l'ont sentie, mari Chmp, résuma Aoa. Et c'est pourquoi ils nous ont envoyé la guigne. C'est à cause de toi que le peuple de la Pierre percée connaît cette grave période d'échec. Il suffit qu'un seul d'entre nous doute pour rompre le délicat équilibre. En conséquence, nous prononçons contre toi, mari Chmp, une sentence d'expulsion. Tu dois quitter le village et ne plus revenir, pour que la colère des esprits s'en aille avec toi et que nous retrouvions la prospérité.

Au premier hurlement de loup, après avoir fait ses adieux, Chmp lia ses deux sacs et s'en alla, le cœur gros mais les jambes frétillant d'impatience.

« Il a pris le chemin de l'ancien campement des Nez écrasés », remarqua U en lui plantant dans le dos un dernier regard amer.

Chmp marcha des jours, des mois. Il chassa, pêcha, attrapa des animaux étranges et des humains égarés, dont certains étaient succulents. Il découvrit des paysages qu'aucun Pierre percée n'avait contemplés avant lui. Il nagea dans des lacs d'eau chaude, il grimpa dans des arbres immenses. Il survécut aux loups, au froid, aux ventres affamés des tribus primitives. Chaque matin, au vent nouveau, il lançait deux prières muettes : une à Glmsh, dont il sentait la présence spirituelle à chacun de ses pas, et l'autre à certaines courbes remarquables qu'il avait eu la chance de manipuler par le passé. Comment les retrouver ?

Il tomba sur des traces. Des restes de huttes provisoires, bâties en quinconce. Les Nez écrasés ne s'étaient pas évaporés. Leur campement avait logiquement dérivé vers les régions plus fertiles, en suivant les grands troupeaux d'élans et d'urus. À partir de ces éléments, Chmp fit preuve de son excellent sens de l'orientation. La persévérance, mue par le diesel érotique, alliée à son intuition et à son expérience du terrain, fit le reste.

Il parvint à les pister. Et il eut sa récompense. Quand il y repensa, coincé dans sa caverne, blessé, avec tous les inconvénients de sa situation d'homme errant, la précarité, la solitude, pas un regret ne vint ternir son souvenir rose, au contraire. Quel parcours extraordinaire, se disait-il. Quelle plénitude de vie ! Un jour, les Pierres percées comprendront qu'il avait eu raison. Mais que de temps perdu, de sueur et de larmes !

Il sentit qu'il devait s'allonger.

On chuinta à ses pieds.

– Toi, tu surveilles l'entrée, dit-il au serpent.

Il se choisit un tas de terre, vérifia avec sa lance qu'il n'y avait ni scorpions ni mauvais sort, fit une prière au grand Glmsh et s'endormit.

Dans son rêve, fait de femmes Nez écrasés offertes et de cornes d'abondance, il courait comme quand il était jeune. Les arbres se laissaient grimper, les oiseaux ne voyaient pas ses flèches et les poissons nageaient vers son filet habile.

Le lendemain fut radieux. Un soleil somptueux perçait le lierre et éclairait la caverne, qu'il n'avait pas vraiment eu le temps d'étudier le premier jour, dans la pénombre. En s'y promenant, il trouva de nombreux restes d'animaux polis par le temps, et un autre foyer avec des os carbonisés disposés en de savantes figures géométriques. « Un bûcher rituel », comprit-il. « Comme on en fait chez nous, mais plus sophistiqué. » Il remarqua alors que la paroi du fond n'était pas lisse, et semblait avoir été bricolée en terre séchée.

Il tapota du poing. Ça sonnait faux. Il y avait une cavité cachée. « Une pièce aux morts », pensa-t-il. Il mit sa lance dans une fissure profonde, fit levier, et un pan entier s'affaissa, révélant une grande alcôve, structurée en autel et couverte de pierres plates.

Des trombes de poussière dansaient au soleil. Au milieu des vapeurs, trois magnifiques crânes enduits d'argile blanche fixaient Chmp de leurs yeux d'obsidienne. Alors ? semblaient-ils dire. Comment tu nous trouves ?

Le souffle coupé, Chmp s'approcha de la beauté. Les proportions étaient légèrement différentes de celles que fabriquait Pcss, le modelé des joues était plus généreux, la peau avait un tendu vivant, la terre ancienne avait pris une patine luxuriante et il s'en dégageait une force primitive incomparable. « C'est la perfection », pensa Chmp. Aucun artiste, ni Pcss, ni Mtss, sans même parler de Brq, n'aurait pu capturer l'harmonie à ce point.

Lors de la création du monde, voilà à quoi ressemblait l'art quand les esprits décidèrent de le donner aux hommes, se dit Chmp. À *quelques* hommes, plus précisément. Aux Pierres percées, peuple élu, peuple du commencement. Ici, dans cette caverne. Il ne pouvait en être autrement.

Chmp sentit le souffle des hommes d'avant. Des générations en arrière, tellement loin que personne n'en gardait souvenir, des Pierres percées avaient vécu ici, peut-être le grand Glmsh lui-même, dans la grotte originelle, à plusieurs mois de marche de leur campement actuel. Pour quelle raison étaient-ils partis ? Mystère ! frissonna Chmp. Il s'émerveilla de la lumineuse fortune qui l'avait conduit jusqu'ici. Quelqu'un, là-haut, avait dû le guider à son insu. Quand, dans une course où se joue notre vie, on prend la décision de tourner à gauche plutôt qu'à droite, peut-on avoir la prétention de penser que c'est notre libre arbitre, et lui seul, qui nous mène ? Non, bien sûr.

« Je n'ai pas été chassé de ma tribu pour rien, se dit alors Chmp. J'étais né pour retrouver ce trésor. Peut-être suis-je une sorte de prophète, à ma façon, avec mes jambes qui vont loin ? »

Longtemps Chmp resta comme pétrifié par cette idée malgré la faim qui le raclait. Le soleil en fit de même, puis, quand fut venu le temps d'éclairer d'autres destins, le divin astre se secoua et disparut soudain derrière le lierre. La caverne devint sombre et malicieuse.

L'éclairage changeant, il remarqua un éclat bleuté au milieu de l'alcôve. Derrière les crânes, posée sur un petit autel, une pierre polie de la dimension d'une omoplate, d'un bleu généreux, vibrant et profond, attendait la main téméraire de Chmp. En son milieu, l'érosion avait creusé un curieux orifice vert où il put glisser son doigt. Et, quand il s'aventura dehors pour mettre la pierre en pleine lumière de l'après-midi finissant, il vit de merveilleuses irisations qui couraient comme de petits élans.

« Par Glmsh et par tous les hommes d'avant ! comprit soudain Chmp. J'ai retrouvé la pierre percée originelle ! »

Submergé par l'émotion, une curieuse lourdeur à la poitrine, il tomba à genoux – – – ce mouvement incontrôlé étant le résultat d'un objet pointu, adroitement planté dans son dos. Les Nez écrasés l'avaient repéré. Il se sentit vidé brusquement de toutes ses forces, puis retourné comme s'il avait mangé un mauvais poisson. Tandis que s'ouvrait devant lui le chemin éternel où chassaient les hommes d'avant, un puissant coup de bâton rompit les cervicales où tant de vitalité avait circulé jadis.

* * *

L'année suivante, après une deuxième sécheresse suivie d'une famine, la population des Pierres percées chuta de moitié. Affaiblis en nombre et diminués physiquement, constamment harcelés par des loups qui eurent tôt fait d'investir la forêt voisine, ils assistèrent, impuissants, à la conquête de leur territoire par de grands gaillards venus d'au-delà du lointain Lointain. Les édifices religieux furent rasés, les crânes profanés, quelques femmes subirent des abominations, d'autres, plus habiles, se firent courtiser. La frêle Oo se retrouva en ménage avec un mastodonte trapu des épaules et carré des cuisses, qu'elle fit pourtant marcher à la baguette de son tempérament.

Il leur naquit un fils à qui elle transmit le secret des capras domestiqués et un petit bout d'ADN à barbe blonde, joliment bouclée.

Table

Achevé d'imprimer en mai 2013
dans les ateliers de Normandie Roto Impression s.a.s.
à Lonrai (Orne)

N° d'éditeur : 2340
N° d'édition : 249062
N° d'imprimeur : 132149
Dépôt légal : août 2013

Imprimé en France